FLORA ALVES

autora dos best sellers
Gamification - Como Criar Experiências de Aprendizagem Engajadoras e
Design de Aprendizagem com Uso de Canvas - Trahentem

instrutormaster

O Papel do Instrutor no Processo de Aprendizagem

www.dvseditora.com.br
São Paulo, 2018

instrutormaster

Copyright© DVS Editora 2018

Todos os direitos para o território brasileiro reservados pela editora.

Nenhuma parte deste livro poderá ser reproduzida, armazenada em sistema de recuperação, ou transmitida por qualquer meio, seja na forma eletrônica, mecânica, fotocopiada, gravada ou qualquer outra, sem autorização por escrito do autor, nos termos da Lei nº 9.610/1998.

Capa e diagramação: Spazio Publicidade e Propaganda
Revisão de textos: Alessandra Angelo

Dados Internacionais de Catalogação na Publicação (CIP)
(Câmara Brasileira do Livro, SP, Brasil)

Alves, Flora
   Instrutor Master : o papel do instrutor no processo de aprendizagem / Flora Alves. -- São Paulo : DVS Editora, 2018.

   Bibliografia.
   ISBN 978-85-8289-191-9

   1. Adultos - Aprendizagem 2. Competências 3. Gestão do conhecimento 4. Papel do instrutor 5. Performance 6. Pessoal - Treinamento I. Título.

18-21225   CDD-658.3124

Índices para catálogo sistemático:

1. Papel do instrutor nas organizações :
      Administração de pessoal 658.3124

Maria Paula C. Riyuzo - Bibliotecária - CRB-8/7639

FLORA ALVES

instrutormaster

O Papel do Instrutor no
Processo de Aprendizagem

www.dvseditora.com.br

Sergio Guerra,
obrigada por existir!

Dedico este livro a todos os Instrutores Master que se transformaram para impactar a vida de outras pessoas por meio do seu trabalho. Participar da formação de vocês foi um privilégio. Gratidão imensa pela confiança.

Esta obra também está dedicada a todos os Instrutores Master da SG, que além de compartilharem nossos sonhos e valores, contribuem todos os dias para que possamos impactar positivamente o aprendizado das pessoas e o resultado das organizações.

> Feliz aquele que transfere o que sabe e aprende o que ensina.
> Cora Coralina

Prefácio

Vivemos o momento mais desafiador da área de Treinamento e Desenvolvimento das últimas décadas. É impossível mensurar o impacto que os seguidos adventos tecnológicos surgidos ao longo do século XX tiveram sobre o ambiente corporativo, e mais especificamente no desenvolvimento técnico e comportamental dos trabalhadores, mas consigo afirmar com razoável grau de segurança que nada realmente nos preparou para a velocidade exponencial com que as transformações ocorrem nos dias de hoje.

Se pouco tempo atrás o termo "transformação digital" designava um processo relativamente genérico de aperfeiçoamento tecnológico, hoje ele toma de assalto e monopoliza as atenções dos líderes organizacionais e gestores de pessoas. Isto porque simplesmente não conseguimos mais ficar indiferentes à quantidade de avanços e novas possibilidades trazidas pela inteligência artificial, os inúmeros processos de automação, a internet das coisas e a interação humana com os robôs.

Você pode estar se perguntando: mas o que isso tem a ver com os processos de aprendizagem nas empresas, um processo humano sobremaneira? Eu ofereço a resposta sintética: absolutamente tudo. Quem oferece a resposta completa é Flora Alves, autora deste belo livro, o qual tenho a honra de prefaciar.

Ser um profissional de desenvolvimento humano significa estar em constante absorção de novos conhecimentos, mas, hoje, é ainda mais essencial buscar compreender os impactos que a transformação digital tem nos processos corporativos. E direcionar isso para o desenvolvimento das pessoas.

São muitos os aspectos que tornam esta obra tão relevante para os nossos tempos. À Flora nada escapa: ela faz da escalada exponencial dos avanços tecnológicos uma grande aliada e mostra como esse cenário favorece os processos de aprendizagem corporativa desde que o participante esteja no centro da estratégia. Nada mais humano que isso, viu só?

O projeto de formação "Instrutor Master", que este livro condensa, é fundamental para os profissionais que querem se destacar. A estrutura do conteúdo é baseada em cinco comportamentos observáveis que representam cada uma das competências fundamentais para um Instrutor Master. Com este livro, tal conteúdo passa a ser acessível a muito mais pessoas, que poderão aplicar este conhecimento imediatamente em suas atividades de instrução, contribuindo, assim, para o desenvolvimento da sociedade como um todo.

Agradeço imensamente a oportunidade de fazer parte deste marco importante para área de desenvolvimento organizacional. Espero que você, leitor, aproveite e aplique todo o aprendizado deste livro.

Igor Cozzo
Diretor da ABTD –
Associação Brasileira de
Treinamento e Desenvolvimento

Sumário

PREFÁCIO IX
COMO ESTE LIVRO ESTÁ DIVIDIDO XV

PARTE I
INTRODUÇÃO 3
APRENDIZAGEM 5
    Aprendizagem nem sempre é a solução 7
    Aprendizagem no mundo corporativo 10
O PAPEL DO INSTRUTOR MASTER NAS ORGANIZAÇÕES 13
    A gestão do conhecimento e a memória organizacional 13
    Contratando instrutores 15
O QUE É SER UM INSTRUTOR MASTER 17
    A missão do Instrutor Master 17
    As competências do Instrutor Master 18
    Os comportamentos observáveis de cada competência 20
    Preparar-se 21
    Criar um ambiente favorável à aprendizagem 23
    Facilitar o aprendizado 24
    Gerir desafios 25
    Medir o progresso de aprendizagem 26
    Quadro resumo ou #SimplesAssim 28

PARTE II

INTRODUÇÃO À PARTE II 33

PREPARAR-SE 35

    Planeja o treinamento
incluindo tempo alocado para exercícios 36

    Explica os objetivos claramente 38

    Cria exemplos e analogias para
assegurar relevância para os participantes 42

    Conecta atividades aos objetivos
de aprendizagem durante o treinamento 44

    Utiliza o tempo efetivamente com
transições leves entre as múltiplas atividades 45

CRIAR UM AMBIENTE FAVORÁVEL À APRENDIZAGEM 49

    Fala com clareza e sem erros de linguagem frequentes 50

    Usa efetivamente linguagem corporal e tom de voz,
nome dos participantes e outras técnicas para
construir *rapport* e confiança para engajar os participantes 52

    Esforça-se para engajar a todos os participantes
(passivos ou resistentes) e também *stakeholders* 54

    Constrói sobre os comentários
dos participantes durante o treinamento 56

    Assegura a participação entre participantes e
consigo de maneira respeitosa e focada no aprendizado 57

FACILITAR O APRENDIZADO 59

    Utiliza efetivamente técnicas de apresentação, como
contato visual, movimentos, gestos e técnicas não verbais,
entusiasmo pelo tópico, recursos visuais, etc. 62

    Usa perguntas para aumentar as
oportunidades de aprendizado 63

    Oferece suporte verbal e não verbal
às respostas dos participantes 65

    Responde às perguntas dos participantes efetivamente 67

    Utiliza de fato técnicas de facilitação para conduzir
os participantes por pelo menos um exercício 68

GERIR DESAFIOS 71
    Maneja respostas incorretas de forma a
    preservar a relação entre os participantes e o facilitador 76
    Lida com sucesso com os participantes difíceis 78
    Responde às perguntas desafiadoras 80
    Gere situações difíceis 81
    Demonstra flexibilidade com eventos inesperados 81
MEDIR O PROGRESSO DA APRENDIZAGEM............................... 83
    Oferece tempo para as perguntas
    e respostas dos participantes 85
    Verifica o entendimento por meio da utilização de uma
    variedade de perguntas e não apenas um tipo 86
    Oferece oportunidade de *debriefing* apropriado aos exercícios... 91
    Responde ao *feedback* dos participantes de forma apropriada ... 92
    Avalia de acordo com os objetivos de aprendizagem o
    sucesso dos participantes nas atividades 94

PARTE III
INTRODUÇÃO À PARTE III... 99
    Selecionando, avaliando e desenvolvendo profissionais
    de educação de maneira efetiva... 103
    Checklist para avaliação de competências do IM 105

PARTE IV
INTRODUÇÃO À PARTE IV 111
A ESTRUTURA DE SUA EXPERIÊNCIA DE APRENDIZAGEM 113
    Situando os saberes 113
    Escolhendo atividades 116
LINHA DE CHEGADA 121

Como este livro está dividido

A parte I deste livro faz um alinhamento conceitual necessário para o modelo Instrutor Master. Nela eu introduzirei o conceito de competência que abordo nesta obra e também apresentarei alguns aspectos fundamentais sobre aprendizagem quando o contexto no qual ela acontece é o mundo organizacional.

É nesta primeira parte que convido você a refletir sobre a importância do papel dos instrutores nas organizações nos dias atuais onde cada vez mais os recursos internos são utilizados para o compartilhamento de conhecimentos e a gestão do conhecimento nas organizações.

Mais que uma atribuição, ser um Instrutor Master (IM) é um propósito, uma missão grandiosa que impacta positivamente o desenvolvimento e a vida das pessoas que aprendem com este profissional.

Você irá conhecer, ainda na primeira parte, o conceito de cada uma das cinco competências do Instrutor Master e também saberá como cada uma delas se traduz em cinco comportamentos observáveis que asseguram que o IM[1] atua centrado nos indivíduos que participam de suas experiências de aprendizagem e na performance dessas pessoas.

---

1   IM é a abreviatura para Instrutor Master. Esta sigla será utilizada ao longo desta obra para designar o instrutor que demonstra os comportamentos observáveis do Instrutor Master quando está facilitando uma experiência de aprendizagem.

A parte II é, para mim, uma das mais importantes, pois é nesta parte que vamos analisar cada um dos comportamentos observáveis e buscar compreender a sua origem a partir da aprendizagem de adultos. Vamos assim ressignificar a atuação deste profissional que passa a atuar intencional e conscientemente para promover o aprendizado de outras pessoas.

Na parte III você vai aprender a avaliar a performance do IM utilizando para isso um *checklist* de competências e um modelo de *feedback* baseado em evidências para o constante aprimoramento destes profissionais.

Finalmente, parte de número IV oferece a você dicas sobre itens que sempre são alvo de dúvidas e por isso merecem ser explorados.

Parte I

Introdução

Termos como *Machine Learning* (Aprendizagem de Máquina ou Aprendizagem Automática), *Mobile Robotics* (Robótica Móvel) e *Artificial Intelligence* (Inteligência Artificial) estão cada vez mais presentes em nossa rotina. A tecnologia mudou a forma como desempenhamos o nosso trabalho e nos relacionamos com as pessoas. Em outras palavras, o futuro já chegou.

Este futuro, já presente, revela novos desafios aos profissionais que atuam no desenvolvimento de pessoas. Tanto a tecnologia quanto a aprendizagem buscam simplificar o complexo, contudo, enquanto a tecnologia evolui a uma velocidade vertiginosa muitos profissionais permanecem presos a paradigmas ultrapassados. É preciso acompanhar as mudanças ao mesmo tempo que desenvolvemos competências que nos permitam impactar positivamente o desenvolvimento e progresso de aprendizagem de nossos aprendizes. Em outras palavras, não basta saber como o adulto aprende, é preciso atuar de modo a favorecer o aprendizado do outro, ou seja, oratória, carisma e conhecimento não bastam. É preciso ser um Instrutor Master.

Ser um IM é tirar o foco de si mesmo durante uma sessão de aprendizagem, é ser capaz de colocar a luz sobre o aprendiz e atuar como um verdadeiro facilitador do processo de aprendizagem do outro. O sucesso do aprendiz é o sucesso do Instrutor Master e isso só é possível quando a teoria de aprendizagem de adultos é colocada em prática.

Este livro nasceu para elevar o patamar de atuação dos profissionais que atuam como mediadores do processo ensino-aprendizagem. Seja você um instrutor, um professor, um facilitador ou um multiplicador de seus conhecimentos, este livro vai ajudá-lo a desenvolver as competências necessárias para que você impacte positivamente o aprendizado de outras pessoas.

No ano de 2013 me tornei uma *Designated Master Trainer* pela ATD[1], que é a associação para o desenvolvimento de talentos sediada nos Estados Unidos. Desde então me dediquei ao desenvolvimento de uma formação que pudesse contribuir para o desenvolvimento dos profissionais no Brasil com base no mesmo modelo de competências[2].

Esta formação é uma certificação da SG, reconhecida e também certificada pela Associação Brasileira de Treinamento e Desenvolvimento (ABTD). Mais que um curso, o IM é a materialização de um sonho e de uma missão de vida, pois ele torna tangíveis as competências essenciais do instrutor em comportamentos observáveis que, quando colocados em prática, contribuem efetivamente para que o aprendizado ocorra.

Esta obra nasce para que cada vez mais pessoas se descubram e, assim como eu, se disponham a desaprender para aprender.

---

1 Association for Talent Development.
2 BIECH, Elaine. Training for dummies. Hoboken, NJ: Wiley Publishing, Inc., 2005.

Aprendizagem

Aprender é algo que não se limita aos ambientes formais, aprendemos o tempo todo a partir de nossas experiências. Há coisas que aprendemos com mais facilidade e outras que nos custam mais. Em geral aprendemos com mais facilidade aquilo que nos interessa, ou seja, aquilo que consideramos relevante para nossa vida.

Você já reparou que as crianças parecem absorver tudo aquilo que está ao seu redor, aprendendo com muito mais velocidade e sem escolher o que aprender? É como se a memória delas fosse uma biblioteca com prateleiras vazias prontas para receber novos conhecimentos (livros). Com tanto espaço para ser preenchido, a criança vai acomodando os novos conhecimentos indiscriminadamente. Já os adultos parecem escolher melhor aquilo que vão colocar nas prateleiras de sua biblioteca, é como se elas já estivessem repletas de livros com apenas algumas lacunas a serem preenchidas levando-os a fazer uma seleção mais criteriosa.

Nós adultos desempenhamos múltiplos papéis em nossa rotina e lidamos com demandas muito diversificadas. Nosso tempo é o bem mais precioso que possuímos e, mesmo inconscientemente, prestamos atenção apenas naquilo que contribui diretamente com os papéis que desempenhamos. Por essa razão, se uma experiência de aprendizagem não estiver conectada com as atividades que os indivíduos precisam desempenhar as chances de aprendizado e transferência serão muito baixas.

Estudos atuais[3] chamam a nossa atenção para o fato de que apenas 16% das pessoas que treinamos colocam em prática aquilo que aprendem. Isso significa que 84% das pessoas não apresentam a mudança de conduta ou performance esperada que gerou a necessidade de treinamento. São vários os fatores responsáveis por essa baixa transferência e todos os *stakeholders* de uma ação educacional precisam estar envolvidos para que a transferência ocorra.

A aprendizagem só é efetiva quando uma mudança de conduta ocorre como resultado de uma ação educacional. A mudança de conduta desejada deve ser maior do que momentânea, o que quer dizer que de nada adianta apresentar uma mudança de conduta no ambiente de aprendizagem, é necessário transferir aquilo que se aprende para o ambiente de trabalho. Essa transferência ou mudança pode ser verificada por meio da melhoria de performance, desenvolvimento de novas atitudes ou ainda pela introdução de novos interesses e valores.

Em outras palavras, a transferência se dá quando fazemos algo de maneira diferente em função de novos conhecimentos adquiridos. Charles Jennings, uma das maiores referências da atualidade e principal mentor do referencial 70:20:10 nos chama atenção para o fato de que 70% do que sabemos aprendemos fazendo, 20% do que sabemos aprendemos a partir de trocas com colegas e especialistas e apenas 10% do que sabemos adquirimos em ambientes formais de aprendizagem.

Ao pensarmos a aprendizagem no mundo corporativo devemos levar as duas informações apresentadas anteriormente em consideração para favorecermos a transferência. Para aumentar intencionalmente o percentual de pessoas que transfere para a prática aquilo que aprende precisamos desenhar experiências de aprendizagem que não se limitem aos ambientes formais, ou seja, a experiência deve extrapolar os ambientes formais de aprendizado. Em outras palavras, uma vez que um problema de performance possa ser resolvido por meio de uma experiência de aprendizagem, ela deverá ser completa e estar conectada com a realidade dos indivíduos que irão aprender.

---

3   The 6Ds Company.

Desenhar a experiência é função do Designer de Aprendizagem (mais conhecido como Designer Instrucional). Este profissional deverá criar mecanismos para engajar o aprendiz e todos os *stakeholders* neste processo antes e depois da intervenção formal. O Designer também deverá contemplar a aprendizagem que acontecerá no ambiente formal (presencial ou virtual), cuja facilitação é de responsabilidade de um profissional que, em geral, é chamado de Instrutor.

Pensando no modelo 70:20:10, enquanto o Design de Aprendizagem[4] deve abranger o todo, é justamente no ambiente formal de aprendizagem representado pelos 10% que o Instrutor Master entra em ação, pois é do instrutor a responsabilidade de facilitar o aprendizado do outro por meio da aplicação dos princípios básicos da andragogia, que é a ciência de aprendizagem mais atual quando o aprendiz é o adulto, mas não explorada em toda a sua amplitude e efetividade.

A andragogia consiste na arte ou ciência de orientar adultos a aprender. Esta definição é creditada a Malcolm Knowles na década de 1970. O termo remete a um conceito de educação voltada para o adulto, em contraposição à pedagogia, que se refere à educação de crianças (do grego *paidós*, criança). Ser um Instrutor Master é demonstrar comportamentos pautados nos princípios de aprendizagem de adultos para facilitar o processo de aprendizagem.

Aprendizagem nem sempre é a solução

Você provavelmente já vivenciou uma situação na qual frente à necessidade de se reduzir custos o primeiro orçamento a sofrer cortes é o investimento em treinamento e desenvolvimento de pessoas, mas por que isso acontece?

A aprendizagem no mundo corporativo está diretamente relacionada à necessidade de se melhorar a performance dos indivíduos, con-

---

4 Organização sistematizada, encadeada e intencional de conteúdos, com a utilização de metodologias de aprendizagem adequadas para cada tipo de conhecimento, de modo a estimular e facilitar o processo de aprendizagem em diferentes contextos, e promover a mudança de conduta com relação à performance, atitudes e comportamentos (ALVES, Flora. Design de aprendizagem com uso de canvas. São Paulo: DVS Editora, 2016).

tudo, nem sempre um gap[5] de performance pode ser eliminado por meio de treinamentos ou experiências de aprendizagem. A Figura 1 ilustra os principais influenciadores de performance.

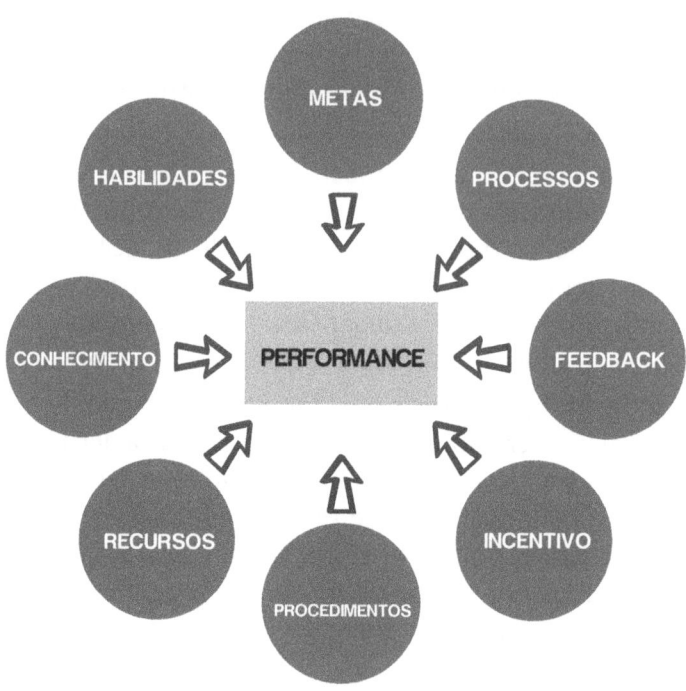

Figura 1 – Influenciadores de Performance.

Um gap de performance pode ser resultado da presença de um ou mais fatores. Imagine, por exemplo, que um grupo de indivíduos não possui os recursos necessários em seu local de trabalho para desempenhar sua função.

Por mais que você ensine a eles o que deve ser feito, se os recursos necessários não forem fornecidos eles continuarão impedidos de fazer o que se espera que façam. Em outras palavras treinar pode não ser a solução.

---

5   Gap é uma palavra inglesa que significa lacuna, vão ou brecha. A palavra é também utilizada com o significado de diferença. Um gap de performance é a diferença entre a performance esperada e a performance real de um indivíduo ou grupo de indivíduos.

Um gap de performance só pode ser eliminado por meio de uma experiência de aprendizagem se o que causou esse gap foi a falta de conhecimento ou habilidades necessárias para o exercício da função.

Por mais que isso pareça óbvio é muito comum nas organizações que treinamentos sejam utilizados na tentativa de se resolver problemas de performance ocasionados por outros influenciadores. Quando isso acontece, além da utilização inadequada dos recursos da empresa aumenta a crença de que treinamento não é investimento e sim um custo e, portanto, passa a ser percebido como uma despesa que deve ser reduzida sempre que possível.

É função do Instrutor Master facilitar o aprendizado de seus aprendizes sempre que a aquisição de conhecimentos e habilidades puder contribuir para a melhoria da performance desses indivíduos. Bob Mosher e Conrad Gottfredson defendem em seu livro Innovative Performance Support[6] a existência de cinco momentos nos quais a aprendizagem formal é necessária:

1. Quando é necessário se aprender algo totalmente novo.
2. Quando é necessário o aprofundamento de um conhecimento existente.
3. Na hora de se aplicar o conhecimento adquirido.
4. Quando algo sai errado.
5. Quando acontecem mudanças.

Note que a atuação do instrutor está diretamente relacionada aos momentos de necessidade identificados pelos números 1, 2 e 5. O item de número 3 é o que chamamos de aprendizagem no momento da aplicação e por isso está mais atrelado à atuação da liderança e contribuição dos colegas, além das características do ambiente no qual o trabalho é realizado. Vimos anteriormente que a experiência de aprendizagem deve ser completa e que um bom Design de Aprendizagem contempla todas as etapas do processo. O mesmo ocorre com o item de número 4 para o qual o *Action Learning*[7] pode ser uma excelente solução.

---

6   Para saber mais acesse: <https://www.performersupport.com>
7   Para saber mais acesse: <https://wial.org>

Como vimos, há três momentos de necessidade de aprendizagem nos quais a atuação do instrutor é fundamental para este processo. Mas como deve ser a atuação deste profissional? Harold Stolovitch e Erica J. Keeps em seu livro Informar não é Treinamento deixam claro, a partir do título, que é necessário muito mais do que deter o conhecimento para ser um bom instrutor. Conhecimento é importante, mas não suficiente para que alguém seja capaz de promover o desenvolvimento de outra pessoa. É preciso estar preparado e é também preciso saber sobre aprendizagem e como os adultos aprendem para que o processo de facilitação do aprendizado seja centrado no participante e em sua performance.

Quero aproveitar esta oportunidade de alinhamento conceitual para chamar sua atenção para o fato de que prefiro utilizar a expressão "experiência de aprendizagem" ao invés de tantas outras como aula ou treinamento. Para mim, uma experiência de aprendizagem é qualquer intervenção intencional na qual o processo ensino-aprendizagem é o foco de modo a promover uma mudança de conduta como resultado da aquisição de novos conhecimentos ou habilidades. Prefiro essa expressão, pois ela reflete melhor a amplitude dos ambientes, interfaces e interações que podem promover a aprendizagem de modo que essa se transfira para a prática.

Aprendizagem no mundo corporativo

A aprendizagem no mundo corporativo está atrelada ao desenvolvimento das competências dos indivíduos a fim de que eles possam entregar a performance que se espera no desempenho de suas funções. Essa performance pode estar relacionada a uma posição que alguém ocupa num dado momento ou a uma posição para a qual esta pessoa está sendo preparada. Fato é que invariavelmente treinamos as pessoas para que elas sejam mais competentes.

É necessário alinharmos o que significa competência para que sejamos capazes não só de contribuir com o desenvolvimento dos indivíduos, mas também de desempenharmos a nossa função como Instrutores Master (IMs). Em seu livro As Competências das Pessoas, Cláudio Queiroz ressalta que competência é o conjunto de conhecimentos, habilidades e atitudes correlacionadas que em ação agregam valor ao indivíduo e à organização, ao que denominamos de entrega[8]. Assim ele conclui que o competente não é aquele que está preparado para fazer algo, mas sim aquele que coloca em prática o que sabe.

Isso corrobora com a ideia de que as competências estão diretamente relacionadas à performance e é justamente essa entrega colocada em prática que gera resultado, agrega valor e impacta os resultados da organização. O exercício diário de nossas competências se traduz em tarefas que realizamos no dia a dia e também em comportamentos que evidenciam nossas competências[9]. O modelo de competências do Instrutor Master nos ajuda a fazer a ponte entre as competências necessárias para a facilitação da aprendizagem dos adultos e os comportamentos que evidenciam a prática dessas competências. Em outras palavras, os comportamentos observáveis traduzem a entrega dos conhecimentos, habilidades e atitudes necessários para assegurar a aprendizagem do outro.

---

8   QUEIROZ, Cláudio. As competências das pessoas: potencializando seus talentos. São Paulo: DVS Editora, 2008.

9   Esta correlação está detalhada no Canvas DI-Empatia que apresento no meu livro Design de Aprendizagem com uso de Canvas - Trahentem®

O papel do Instrutor Master nas organizações

Neste capítulo você vai descobrir por que as organizações precisam de IMs e como esses profissionais podem contribuir para o alcance dos objetivos do negócio.

A gestão do conhecimento e a memória organizacional

Na introdução deste livro convidei você a pensar sobre a maneira como a presença da tecnologia tem afetado as relações das pessoas e também a forma como as pessoas se relacionam com o seu trabalho. Há muito que a tecnologia pode fazer e ainda há muito que nós precisamos fazer para alimentar essa tecnologia, pois mesmo quando o tema é Inteligência Artificial (AI) nós somos a fonte do conhecimento adquirido por esta inteligência. A gestão do conhecimento nas organizações sempre foi um grande desafio, uma vez que a memória de uma empresa está fragmentada na cabeça das pessoas que viveram a história das empresas.

Incentivar que as pessoas compartilhem o que sabem tem sido uma prática crescente e a tecnologia facilita, e muito, esse processo por meio do uso de softwares que possibilitam essa gestão. Ao mesmo tempo em que observamos as aplicações da tecnologia avançarem notamos que termos como "multiplicadores", "trainers", "instrutores" e "parceiros de RH" também estão mais presentes do que nunca quando o tema é aprendizagem e gestão do conhecimento. Estes são os indivíduos que impactam diretamente a gestão do conhecimento nas organizações. São eles que contribuem para que o conhecimento da empresa seja disseminado e são eles que, sendo parte da memória da organização, transferem o que sabem para outras pessoas.

Em geral esses instrutores ou multiplicadores tendem a ser SMEs[10] (*Subject Matter Experts*) ou especialistas. São pessoas que detêm muito conhecimento acerca daquilo que fazem, conhecem a fundo tudo o que se relaciona com o seu trabalho e também conhecem muito sobre o negócio da empresa na qual estão inseridos. Utilizando essa perspectiva essas pessoas podem ser as mais indicadas para transferir o seu conhecimento. Mas como essa transferência de conhecimentos realmente é feita? Quais os riscos quando utilizamos um SME para compartilhar o que sabe com outras pessoas?

Os principais riscos quanto um SME ou especialista é convidado a compartilhar aquilo que sabe estão relacionados à sua paixão pelo assunto e também à sua falta de conhecimentos sobre aprendizagem de adultos. A paixão que temos por aquilo que fazemos em geral nos leva a acreditar que tudo é importante, ou seja, o especialista tem dificuldade para selecionar, entre os seus conhecimentos, o recorte necessário para que o outro aprenda aquilo que está relacionado à sua atividade e quando isso acontece temos o que se chama *overload* (excesso) de informações, o que muito prejudica o processo de aprendizagem.

A falta de conhecimento sobre aprendizagem de adultos faz com que o compartilhamento de conhecimentos se torne uma grande sessão informativa e isso não é eficaz em termos de aprendizagem. O especialista tem extrema importância e pode se tornar um excelente instrutor desde que desenvolva as competências necessárias para ajudar o outro a aprender, e não simplesmente tentar transmitir o que sabe por meio de longas sessões de projeção de slides e palestras.

Utilizar especialistas para o compartilhar de saberes nas organizações é uma tendência e faz todo sentido uma vez que o conhecimento desses profissionais aliado ao conhecimento do negócio é uma combinação poderosa. Contudo, instrumentá-los para essa tarefa é crucial para o sucesso. Formar Instrutores Master nas organizações pode ser

---

10 SME ou *Subject Matter Expert* é um termo em inglês utilizado para nomear uma pessoa que é considerada perita, ou especialista, em um determinado assunto. É a pessoa que sob o ponto de vista técnico domina totalmente determinado assunto.

uma estratégia poderosa para a gestão do conhecimento, por isso tenho me dedicado cada vez mais a essa formação que é reconhecida como transformadora mesmo por aqueles que já atuam como instrutores, facilitadores e palestrantes há anos.

Um Instrutor Master contribui para o alcance dos objetivos do negócio com a sua atuação, pois prepara as pessoas para executarem adequadamente as tarefas que resultam na performance esperada. Um IM facilita o processo de seus aprendizes para que eles sejam capazes de executar o que precisam.

Contratando instrutores

Embora em muitas situações o especialista seja a melhor pessoa para ministrar uma sessão de treinamento há momentos em que as competências que precisam ser desenvolvidas exigem conhecimentos e habilidades que vão além daqueles que a empresa possui internamente. Também há momentos em que se faz necessário trazer perspectivas externas ou ainda buscar referências que inspirem mudanças e desenvolvimento. Como contratar fornecedores que mesmo sem conhecimento profundo do negócio sejam capazes de contribuir com a aprendizagem das pessoas? A resposta está no modelo de competências do IM.

Eu estou certa de que você já assistiu a uma sessão de treinamento ou até mesmo a uma palestra e se encantou com o instrutor. Talvez ele fosse uma pessoa carismática, se comunicasse bem e demonstrasse ter total domínio do tema sobre o qual falava. Você mal respirou durante o evento para não perder um só minuto desta belíssima apresentação. Contudo, alguns minutos depois do término da intervenção você não conseguia se lembrar de praticamente nada do que tinha sido abordado. Por mais que tentasse você lembrava apenas dos gestos desta pessoa, da forma como se movimentava no palco e até mesmo das piadas e algumas frases de efeito. Isso acontece quando as informações recebidas não foram para sua memória de longo prazo.

Todos nós temos preferências quanto a estilo, tom de voz e até mesmo vestimenta. Entretanto, quando o assunto é aprendizagem precisamos que essas preferências venham acompanhadas de competências que coloquem o aprendiz e a performance dele no centro do processo de facilitação. Por isso, ao contratar alguém que conduzirá uma sessão de treinamento em sua empresa, busque neste profissional evidências das competências necessárias para que ele contribua com a eliminação do gap de performance existente no time que precisa ser treinado.

O que é ser um Instrutor Master

Neste capítulo você vai explorar a missão do IM. Você também vai conhecer as competências do Instrutor Master e identificar a importância deste modelo para sucesso de uma experiência de aprendizagem.

A missão do Instrutor Master

Temos sucesso quando nosso trabalho está alinhado ao nosso propósito de vida, à nossa missão. Quando entendemos a grandiosidade do que fazemos e o impacto de nossas ações tudo ganha um novo significado. Todas as profissões são possíveis por termos em todas as áreas pessoas dedicadas a contribuir com a aprendizagem do outro. Quantos grandes professores passaram por nossas vidas para que tenhamos chegado até aqui. Que grande legado cada um deles deixou quando imprimiu em nossa memória um novo conhecimento e também uma doce lembrança de sua atuação.

Quanto do nosso sucesso é fruto de ações desempenhadas pelos nossos professores para nos estimular, provocar, movimentar. Esses verdadeiros mestres cumpriram a sua missão. Veja que a missão é muito maior e mais grandiosa que um simples conjunto de ações. A missão confere significado, ela está repleta de propósito.

Assim é a atuação do IM. Muito mais que a expressão de um modelo de competências, o IM tem uma missão. A missão do Instrutor Master é facilitar intervenções de aprendizagem centrado nos participantes e na performance deles de modo a possibilitar o aprendizado e a transferência. Ser um IM é fazer do sucesso dos seus aprendizes o seu sucesso.

A missão é inspiradora, ela nos movimenta e norteia nossa atuação. Para que ela se transforme em prática geradora de resultados precisamos de ações que sejam a tradução de nossa missão, precisamos saber o que fazer para colocarmos a missão em prática. O modelo de competências do IM faz essa tradução. Ele mostra que competências precisamos ter e como essas competências se materializam em ações.

O modelo de competências do Instrutor Master apresenta um conjunto de competências que quando colocadas em prática facilitam o processo ensino-aprendizagem por estar pautado na forma como os adultos aprendem e desempenham o seu trabalho. Por isso, as competências que fazem parte deste modelo estão atreladas ações que favoreçam o aprendizado e estão alinhadas com modelos nos quais o ser humano que aprende é protagonista do seu aprendizado, ou seja, tem um papel ativo neste processo.

Os modelos de competências são norteadores de processos de gestão de pessoas e contribuem de maneira fundamental para o desenvolvimento dos profissionais nas organizações. Quando um indivíduo tem clareza das competências que precisa ter é como se ele tivesse uma bússola para direcionar o seu desenvolvimento dentro da organização.

Um indivíduo é competente quando combina seus conhecimentos, habilidades e atitudes em uma entrega efetiva. Essa entrega efetiva, no caso do IM se mostra por meio de comportamentos observáveis que quando colocados em prática resultam no aprendizado de seus participantes, alunos ou aprendizes.

As competências do Instrutor Master

Um modelo de competências viável precisa ser completo no que tange a contemplar as competências essenciais para o desempenho de uma função, simples o suficiente para ser implementado e consistente sob a perspectiva de fundamentação. Assim é o modelo IM.

O modelo de competências do IM é constituído de cinco competências essenciais que se evidenciam em cinco comportamentos observáveis cada uma. Cada uma das competências e respectivos comportamentos observáveis tem sua origem na forma como o adulto aprende e desempenha seu trabalho e por isso funciona tão bem quando colocado em prática.

Para facilitar o entendimento de cada uma das competências e melhor compreender a correlação de cada uma com a aprendizagem, apresentarei a seguir cada uma das competências com o seu respectivo conceito.

COMPETÊNCIA	CONCEITO
Preparar-se	Planeja a sua sessão de treinamento de acordo com os objetivos estabelecidos, alocando tempo para exercícios e estabelecendo a relevância do aprendizado para o público de maneira sistemática, intencional e encadeada.
Criar um ambiente favorável à aprendizagem	Engaja os participantes no seu aprendizado utilizando a interação, a linguagem verbal e não verbal e valoriza as suas contribuições para que se sintam seguros para contribuir e aprender.
Facilitar o aprendizado	Mostra-se entusiasmado pelo tema de modo a gerar credibilidade e interesse e promove o aprendizado utilizando técnicas de facilitação adequadas para cada tipo de conhecimento, além de fazer uso de perguntas diversificadas.
Gerir desafios	Mantém o controle emocional frente a desafios trazidos pelos participantes e gere situações inesperadas demonstrando flexibilidade enquanto resolve os problemas que se apresentam preservando sua relação com os envolvidos.
Medir o progresso de aprendizagem	Verifica a aprendizagem do grupo de acordo com os objetivos estabelecidos para a sessão de treinamento e responde adequadamente ao feedback que o grupo lhe oferece.

Eu imagino que a essa altura tudo esteja começando a fazer sentido para você. A missão de um instrutor pode realmente ser grandiosa se você pensar no impacto que isso pode ter no desenvolvimento de outras pessoas e de suas carreiras. E é justamente por isso que a atuação de um instrutor deve ir além de aspectos como ser um bom comunicador ou até mesmo ser carismático.

Se você estiver surpreso isso também é natural uma vez que não existe um curso de nível superior específico para formar instrutores que vão trabalhar com adultos. A maioria de nós, que atuamos como instrutores, palestrantes, facilitadores e até mesmo como professores somos oriundos de formações diversificadas. Há muitos administradores, psicólogos, advogados, engenheiros, físicos e pedagogos nesta posição, isso sem mencionar outras tantas possibilidades.

Em geral "caímos" nesta função por gostarmos de trabalhar com pessoas, por sermos bons comunicadores e até por termos muito conhecimento sobre determinado assunto o que nos leva a sermos convidados a ensinar outras pessoas. Vamos assim nos descobrindo neste caminho e buscando nosso desenvolvimento por rumos diversificados.

Ser um Instrutor Master é inserir conscientemente na nossa atuação elementos e práticas que contribuam para que nossos aprendizes usem a experiência que já têm, conectem novos conhecimentos a modelos mentais existentes e aprimorem ainda mais sua atuação a partir de novos aprendizados. Essas práticas são evidenciadas pelos comportamentos que demonstramos quando facilitamos a aprendizagem.

Um Instrutor Master competente demonstra comportamentos observáveis para facilitar uma sessão de aprendizagem que materialize a sua missão, ou seja, que promova o aprendizado do outro.

Os comportamentos observáveis de cada competência

Se queremos que alguém seja capaz de fazer algo, precisamos deixar claro para essa pessoa o que esperamos. Embora pareça óbvio, não é raro que as pessoas tenham dificuldade para expressar aquilo se espera delas, pois muitas vezes isso nunca lhes foi dito de maneira explícita.

Quando uma competência é essencial para a execução de uma tarefa é preciso que tenhamos cuidado para atrelar a essa competência os comportamentos que vamos utilizar como parâmetro para verificar a sua presença ou ausência, ou seja, que evidências vamos buscar para concluir se uma pessoa é ou não competente.

É preciso também selecionarmos comportamentos ou evidências que tenham uma razão específica pela qual foram escolhidos. No caso do modelo de competências do IM, cada comportamento observável foi escolhido para garantir que os princípios de aprendizagem de adultos e também a andragogia estão sendo levados em conta no momento de facilitar uma experiência de aprendizagem.

A seguir apresentarei os cinco comportamentos observáveis que estão atrelados a cada uma das competências. A partir dos próximos capítulos nós vamos mergulhar com mais profundidade em cada uma das competências enquanto a correlacionamos a seus comportamentos observáveis e aos princípios que justificam a sua escolha.

Preparar-se

Planeja a sua sessão de treinamento de acordo com os objetivos estabelecidos, alocando tempo para exercícios e estabelecendo a relevância do aprendizado para o público de maneira sistemática, intencional e encadeada.

Estar preparado pode ter diferentes significados. Para alguns, estar preparado pode significar ter uma bela apresentação em PowerPoint e ensaiá-la até a exaustão para não esquecer nenhuma palavra do discurso preparado. Para outros, estar preparado pode significar ter frases de impacto capazes de chamar a atenção. Na perspectiva de outras pessoas estar preparado pode ser deter conhecimento para esclarecer todo tipo de dúvidas.

Contudo, estar preparado para o Instrutor Master significa não só dominar tecnicamente o conteúdo, mas também garantir que este conteúdo tenha relevância para sua audiência sob o ponto de vista da aplicabilidade. Significa contemplar exercícios conectados aos objetivos de aprendizagem no seu planejamento, pois sabemos da importância destes para garantir a maestria daquilo que se necessita aprender.

Os comportamentos observáveis que garantem a expressão desta competência são:

1. Planeja o treinamento incluindo tempo alocado para exercícios.

2. Explica os objetivos claramente.

3. Cria exemplos e analogias para assegurar relevância para os participantes.

4. Conecta atividades aos objetivos de aprendizagem durante o treinamento.

5. Utiliza o tempo efetivamente com transições leves entre as múltiplas atividades.

Estamos gradativamente montando um *framework*[11] para que nos capítulos adiante possamos explorar a origem de cada comportamento sob o ponto de vista teórico da aprendizagem de adultos.

---
11 *Framework* aqui tem o significado de nova estrutura, uma nova "moldura" que fornece um novo enquadramento a coisas que já conhecemos, mas que se agrupam de uma nova maneira.

Criar um ambiente favorável à aprendizagem

Engaja os participantes no seu aprendizado utilizando a interação, a linguagem verbal e não verbal e valoriza as suas contribuições para que se sintam seguros para contribuir e aprender.

Um ambiente favorável à aprendizagem é aquele no qual os indivíduos se sentem seguros para manifestar suas ideias, opiniões e percepções sem medo ou receio de serem expostos, ridicularizados ou diminuídos. Um ambiente favorável acolhe, valoriza contribuições e estimula a participação. Quando percebemos que nossa experiência é bem recebida reconhecemos também a importância do outro que nos acolhe e focamos nossa atenção no aprendizado e não em outras variáveis que circundam o ambiente. É logo no início da intervenção que essa competência se faz essencial, pois se perdermos os indivíduos, recuperá-los pode nos custar muito tempo e investimento de energia.

Os comportamentos observáveis que garantem a expressão desta competência são:

1. Fala com clareza e sem erros de linguagem frequentes.

2. Usa efetivamente linguagem corporal e tom de voz, nome dos participantes e outras técnicas para construir *rapport* e confiança para engajar participantes.

3. Esforça-se para engajar a todos os participantes (passivos ou resistentes) e também *stakeholders*.

4. Constrói sobre os comentários dos participantes durante o treinamento.

5. Assegura a participação entre participantes e consigo de maneira respeitosa e focada no aprendizado.

Um dos cuidados essenciais com relação a esta competência diz respeito a explorar o que é importante para cada grupo em função de suas expectativas e conhecimentos existentes.

Facilitar o aprendizado

Mostra-se entusiasmado pelo tema de modo a gerar credibilidade e interesse e promove o aprendizado utilizando técnicas de facilitação adequadas para cada tipo de conhecimento, além de fazer uso de perguntas diversificadas.

Nesta competência reside o conceito central do que é ser um IM. Não é sobre saber fazer uma boa apresentação, é sobre estar disposto a facilitar o processo de aprendizagem do outro.

Os comportamentos observáveis que garantem a expressão desta competência são:

1. Utiliza efetivamente técnicas de apresentação, como contato visual, movimentos, gestos e técnicas não verbais, entusiasmo pelo tópico, recursos visuais, etc.

2. Usa perguntas para aumentar as oportunidades de aprendizado.

3. Oferece suporte verbal e não verbal às respostas dos participantes.

4. Responde às perguntas dos participantes efetivamente.

5. Utiliza de fato técnicas de facilitação para conduzir os participantes por pelo menos um exercício.

Gerir desafios

Mantém o controle emocional frente a desafios trazidos pelos participantes e gere situações inesperadas demonstrando flexibilidade enquanto resolve os problemas que se apresentam preservando sua relação com os envolvidos.

São muitos os desafios que podem aparecer durante uma experiência de aprendizagem. O mais importante é manter o equilíbrio enquanto investiga qual a origem deste desafio para que se possa gerir essa situação de maneira tranquila e favorável.

Os comportamentos observáveis que garantem a expressão desta competência são:

1. Maneja respostas incorretas de forma a preservar a relação entre os participantes e o facilitador.

2. Lida com sucesso com os participantes difíceis.

3. Responde às perguntas desafiadoras.

4. Gere situações difíceis.

5. Demonstra flexibilidade com eventos inesperados.

De todas as competências talvez esta seja a mais desafiadora uma vez que cada um de nós tende a se desestabilizar com um tipo particular de comportamento. O importante é sempre ter em mente a premissa "não é com você". Comportamentos disruptivos[12] tendem a ter sua origem em aspectos da vida pessoal de quem os apresenta e saber disso facilita muito a resolução de cada um deles.

---

12 Comportamento disruptivo é aquele que pode provocar ou causar interrupção ou quebra do segmento normal de um processo. Uma disrupção também pode ser ocasionada por queda de energia elétrica ou falhas em equipamentos.

Medir o progresso de aprendizagem

Verifica a aprendizagem do grupo de acordo com os objetivos estabelecidos para a sessão de treinamento e responde adequadamente ao feedback que o grupo lhe oferece.

É neste momento que o IM verifica se o seu propósito foi atingido, ou seja, ele checa o progresso de aprendizagem de seus aprendizes de acordo com o objetivo estabelecido. Oferecer *feedback* para que o aprendiz saiba se está ou não na direção certa é fundamental, assim como é crucial saber lidar adequadamente com o *feedback* que recebe de seus aprendizes.

Os comportamentos observáveis que garantem a expressão desta competência são:

1. Oferece tempo para as perguntas e respostas dos participantes.

2. Verifica o entendimento por meio da utilização de uma variedade de perguntas e não apenas um tipo.

3. Oferece oportunidade de *debriefing*[13] apropriado aos exercícios.

4. Responde ao *feedback* dos participantes de forma apropriada.

5. Avalia de acordo com os objetivos de aprendizagem o sucesso dos participantes nas atividades.

Não há realização maior para um IM do que a verificação do aprendizado de seu grupo. Como disse anteriormente, o sucesso dos seus aprendizes é o seu sucesso.

---

13 *Debriefing* é o nome dado ao processamento do aprendizado a partir de uma atividade. Este processamento é parte do método de facilitação de uma atividade e ocorre depois da sua execução.

Quadro resumo ou #SimplesAssim

Quem me conhece sabe o quanto gosto de simplificar as coisas. Talvez por isso tenha começado essa obra com uma reflexão sobre o que está acontecendo atualmente e nosso papel neste cenário. Não podemos mudar o outro, mas podemos escolher promover em nós mesmos as mudanças que impactarão o outro e consequentemente o mundo. Sendo assim, vamos simplificar o que vimos até o momento por meio de um quadro que apresenta as competências, seu conceito e respectivos comportamentos observáveis.

Competências	Conceito	Comportamentos Observáveis
PREPARAR-SE	Planeja a sua sessão de treinamento de acordo com os objetivos estabelecidos, alocando tempo para exercícios e estabelecendo a relevância do aprendizado para o público de maneira sistemática, intencional e encadeada.	1. Planeja o treinamento incluindo tempo alocado para exercícios. 2. Explica os objetivos claramente. 3. Cria exemplos e analogias para assegurar relevância para os participantes. 4. Conecta atividades aos objetivos de aprendizagem durante o treinamento. 5. Utiliza o tempo efetivamente com transições leves entre as múltiplas atividades.
CRIAR UM AMBIENTE FAVORÁVEL À APRENDIZAGEM	Engaja os participantes no seu aprendizado utilizando a interação, a linguagem verbal e não verbal e valoriza as suas contribuições para que se sintam seguros para contribuir e aprender.	1. Fala com clareza e sem erros de linguagem frequentes. 2. Usa efetivamente linguagem corporal e tom de voz, nome dos participantes e outras técnicas para construir *rapport* e confiança para engajar participantes. 3. Esforça-se para engajar a todos os participantes (passivos ou resistentes) e também *stakeholders*. 4. Constrói sobre os comentários dos participantes durante o treinamento. 5. Assegura a participação entre participantes e consigo de maneira respeitosa e focada no aprendizado.

O que é ser um Instrutor Master - **29**

Competências	Conceito	Comportamentos Observáveis
FACILITAR O APRENDIZADO	Mostra-se entusiasmado pelo tema de modo a gerar credibilidade e interesse e promove o aprendizado utilizando técnicas de facilitação adequadas para cada tipo de conhecimento, além de fazer uso de perguntas diversificadas.	1. Utiliza efetivamente técnicas de apresentação, como contato visual, movimentos, gestos e técnicas não verbais, entusiasmo pelo tópico, recursos visuais, etc. 2. Usa perguntas para aumentar as oportunidades de aprendizado. 3. Oferece suporte verbal e não verbal às respostas dos participantes. 4. Responde às perguntas dos participantes efetivamente. 5. Utiliza de fato técnicas de facilitação para conduzir os participantes por pelo menos um exercício.
GERIR DESAFIOS	Mantém o controle emocional frente a desafios trazidos pelos participantes e gere situações inesperadas demonstrando flexibilidade enquanto resolve os problemas que se apresentam preservando sua relação com os envolvidos.	1. Maneja respostas incorretas de forma a preservar a relação entre os participantes e o facilitador. 2. Lida com sucesso com os participantes difíceis. 3. Responde às perguntas desafiadoras. 4. Gere situações difíceis. 5. Demonstra flexibilidade com eventos inesperados.
MEDIR O PROGRESSO DE APRENDIZAGEM	Verifica a aprendizagem do grupo de acordo com os objetivos estabelecidos para a sessão de treinamento e responde adequadamente ao *feedback* que o grupo lhe oferece.	1. Oferece tempo para as perguntas e respostas dos participantes. 2. Verifica o entendimento por meio da utilização de uma variedade de perguntas e não apenas um tipo. 3. Oferece oportunidade de *debriefing* apropriado aos exercícios. 4. Responde ao *feedback* dos participantes de forma apropriada. 5. Avalia de acordo com os objetivos de aprendizagem o sucesso dos participantes nas atividades.

Parte II

Introdução à parte II

Antes de nos aprofundarmos em cada uma das competências e seus respectivos comportamentos observáveis, cabe fazermos uma breve introdução quanto à diversidade de papéis dos profissionais nos dias de hoje. Vimos anteriormente que um Instrutor pode, ou não, ter sido o responsável por desenhar uma experiência de aprendizagem uma vez que a arquitetura da experiência é de responsabilidade do Designer Instrucional.

Embora os comportamentos observáveis se manifestem durante o processo de facilitação que ocorre na implementação de uma experiência de aprendizagem, há conhecimentos que são necessários que estão relacionados a outros momentos do ciclo de soluções de aprendizagem ou ciclo de experiências de aprendizagem.

Ciclo de Experiências de Aprendizagem
ou
Ciclo de Soluções de Aprendizagem

As intervenções de aprendizagem nas organizações começam a partir da identificação de gaps de performance que podem ser eliminados por meio da aquisição de conhecimentos ou desenvolvimento de habilidades. Este processo dá origem aos objetivos de aprendizagem que resultam na criação de experiências por meio do processo de planejamento e preparação.

O Instrutor Master entra em cena para a condução da experiência, facilitando o processo ensino-aprendizagem de modo a eliminar os gaps existentes e produzir resultados mensuráveis.

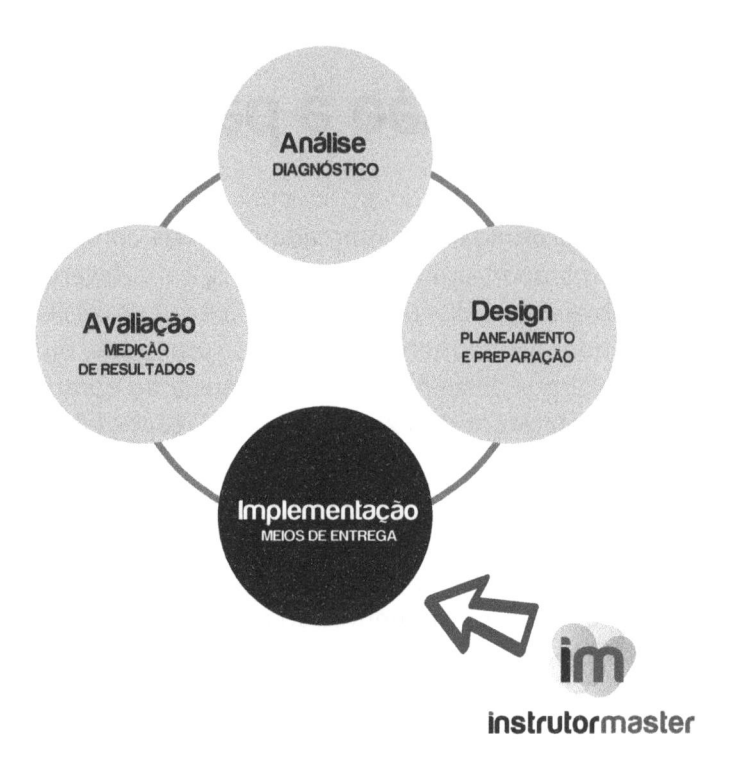

Figura 2 – Atuação do Instrutor Master no ciclo de experiências ou soluções de aprendizagem

A Figura 2 ilustra em que momento do ciclo o papel do IM é fundamental. Contudo, cabe destacar que os conhecimentos, habilidades e atitudes que combinados resultam nos comportamentos de entrega incluem diferentes momentos deste ciclo, além de outras disciplinas.

Preparar-se

Neste capítulo você vai conhecer os principais aspectos que contribuem para a expressão desta competência. Você também vai compreender a relevância de cada comportamento observável a partir da teoria de aprendizagem de adultos.

    Gosto de pensar nas experiências de aprendizagem como penso na vida. Ambas são como uma festa. Quando vamos para uma festa, nos preparamos para ela de modo a causar impacto positivo quando chegamos. Escolhemos o nosso traje de acordo com o tipo de festa, cuidamos de nossa aparência e fazemos o nosso melhor para impressionar desde a chegada. Também tomamos cuidado com a forma como nos comportamos ao longo deste evento para que possamos deixar apenas boas recordações sobre a nossa presença.

    A competência "Preparar-se" se manifesta ao longo de uma intervenção de aprendizagem. Contudo, há uma série de ações que antecedem este momento. O preparo começa com a construção do repertório. Ter um bom repertório é muito mais que dominar o tema sobre o qual irá facilitar uma sessão. É preciso se atualizar, beber de fontes diversificadas e buscar atualização constante.

    Vamos retomar o conceito da competência e então explorar a relevância de cada comportamento observável a partir da perspectiva da aprendizagem de adultos.

PREPARAR-SE

Engaja os participantes no seu aprendizado utilizando a interação, a linguagem verbal e não verbal e valoriza as suas contribuições para que se sintam seguros para contribuir e aprender.

Dizemos que um Instrutor Master está preparado, ou seja, demonstra a competência "Preparar-se" quando ao observarmos sua atuação identificamos a presença dos comportamentos que evidenciam o que está descrito no conceito da competência. Vamos então investigar os motivos de cada comportamento a partir da perspectiva proposta.

Planeja o treinamento incluindo tempo alocado para exercícios

Este é o primeiro comportamento que evidencia a competência Preparar-se, mas de onde vem sua importância? Vem dos princípios fundamentais da andragogia. Podemos resumi-los em quatro princípios como ilustra a Figura 3 a seguir.

DISPOSIÇÃO	EXPERIÊNCIA
RELEVÂNCIA APRENDO AQUILO QUE SERÁ ÚTIL, O QUE TORNARÁ MINHA VIDA MAIS FÁCIL	**RESPEITO** MEU CONHECIMENTO PRECISA SER RESPEITADO. TRAGO UMA BAGAGEM
AUTONOMIA	**AÇÃO**
DECISÃO PRECISO PERCEBER QUE TENHO AUTONOMIA SOBRE A MINHA APRENDIZAGEM	**EXPERIMENTO** PRATICO, INTERAJO, EXECUTO, RESOLVO PROBLEMAS, COLOCO EM PRÁTICA

Figura 3 – Princípios-chave da aprendizagem de adultos

Ao planejar uma sessão incluindo tempo para a realização de exercícios, estamos contemplando o princípio da *Ação*, pois estamos dando oportunidade para as pessoas experimentarem, praticarem, interagirem. Ao permitir que resolvam problemas criamos oportunidades para que coloquem em prática aquilo que estão aprendendo. Estar preparado significa saber que o adulto aprende quando está envolvido neste processo e, sabendo disso, gerar oportunidade para que os aprendizes protagonizem este processo.

Este comportamento observável também privilegia a codificação e armazenamento da informação na memória de longo prazo, mas este é um assunto que vou abordar com mais profundidade quando estudarmos a competência "Facilitar o aprendizado".

O tempo alocado para exercícios deve ser sempre maior proporcionalmente que o tempo utilizado para a apresentação do conteúdo. Por esta razão, de nada adianta propor um exercício sem dar tempo para que as pessoas o realizem com qualidade. Planeje adequadamente o tempo necessário para a execução do que você propõe e teste os exercícios e atividades escolhidas para assegurar que o seu planejamento é coerente com a realidade.

> DICAS para colocar este comportamento em prática

Uma experiência de aprendizagem bem desenhada resulta quase que naturalmente na expressão dos comportamentos que evidenciam as competências do Instrutor Master. Há vários caminhos para você aprender sobre este assunto. No meu livro Design de Aprendizagem com uso de Canvas - Trahentem® você vai aprender como desenhar experiências de aprendizagem utilizando princípios de *design thinking* de maneira colaborativa e simples. O modelo utilizado na minha ferramenta é o ROPES[14] que corresponde aos processos psicológicos de aprendizagem que vamos explorar mais adiante neste livro. A ferramenta que apresento no livro está disponível na versão digital (www.canvastrahentem.com) e, além de permitir a colaboração a distância, prototipagem de experiências e economizar tempo, tem facilidades como a exportação do seu plano de DI (plano de aula) a partir dos *post-its*.

O livro Informar não é Treinamento de Harold D. Stolovitch e Erica J. Keeps traz um apanhado geral sobre a teoria de aprendizagem

---

14 O acrônimo ROPES significa Review (revisar), *Overview* (visão geral), *Presentation* (apresentar), *Exercise* (exercitar), *Summary* (Resumo, onde devemos verificar o progresso de aprendizagem dos aprendizes).

de adultos e também apresenta um fluxo de cinco passos para o planejamento de sessões de treinamento. O fluxo é bastante simples e corresponde ao modelo ROPES. No mesmo livro Harold e Erica apresentam um modelo de ficha para planejamento de sessões de treinamento e, assim como no meu livro, você encontra dicas valiosas sobre a importância dos exercícios para a aprendizagem e recuperação de informações.

Explica os objetivos claramente

Explicar os objetivos com clareza é fundamental para engajar um adulto em uma intervenção de aprendizagem. A princípio, quando trazemos um adulto para uma experiência de aprendizagem formal, um treinamento ou solução de aprendizagem, o fazemos para eliminar um gap de performance existente que foi provocado por falta de conhecimentos ou habilidades para a realização de suas tarefas. O que acontece muitas vezes é que não tornamos isso claro o suficiente para as pessoas que precisam aprender, não comunicamos às pessoas o que elas vão ser capazes de fazer por terem investido seu tempo conosco e por isso perdemos a sua atenção.

Disputamos a atenção dos adultos com os seus problemas do dia a dia no trabalho, seu volume de demandas, sua vida pessoal e também com os dispositivos que fazem parte de sua rotina. Para que a atenção do aprendiz adulto permaneça conosco é preciso mostrarmos o ganho que ele terá por nos dedicar sua atenção. Este ganho é evidenciado por meio de um bom objetivo de aprendizagem.

Deixar claro este objetivo pode ser a diferença entre ganhar ou perder a atenção do seu aprendiz. Explore os objetivos no início de sua intervenção, peça exemplos dos ganhos que o grupo terá a partir do alcance desses objetivos, investigue situações nas quais este aprendizado contribuirá para o alcance dos resultados e performance dos indivíduos.

Os objetivos são importantes, mas afinal o que mostra um bom objetivo de aprendizagem? Confira a Figura 4 a seguir:

Quem? ⟶ 👤

Vai fazer o quê? ⟶ 💻

Utilizando qual ferramenta? ⟶ W

Com qual performance? ⟶ Páginas Por minuto

Em quanto tempo? ⟶ 🕐

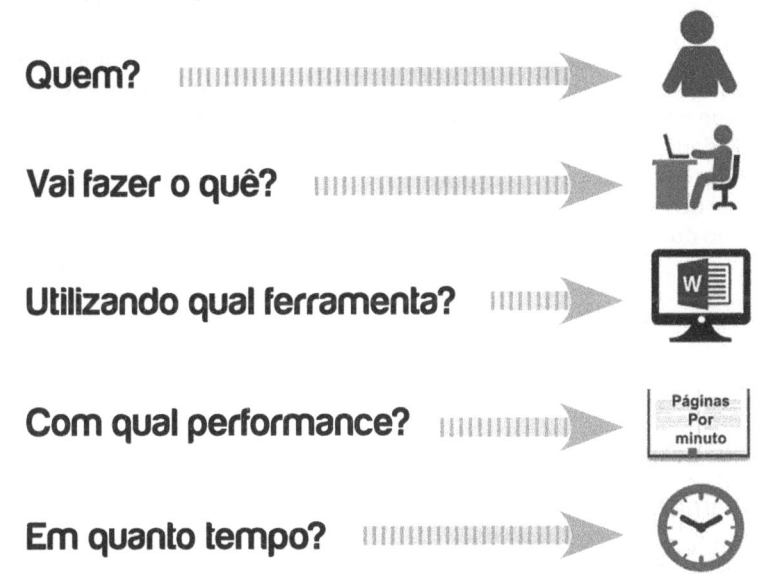

Figura 4 – O que está presente em um bom objetivo de aprendizagem

Um bom objetivo de aprendizagem começa pela perspectiva de sua escrita. Ele é escrito sob a perspectiva de quem aprende. Ele traduz quem vai fazer o quê, utilizando qual ferramenta, com qual performance, em quanto tempo.

Há várias maneiras de se escrever um bom objetivo de aprendizagem e a descrita na Figura 4 talvez seja a mais completa. Eu, particularmente, gosto de utilizar o formato indicado por Robert Mager[15] que é uma maneira mais simples de traduzir o verdadeiro ganho da aprendizagem para o aprendiz. A Figura 5 ilustra como deve ser construído um objetivo de aprendizagem de acordo com Mager.

---

15 Robert Mager, psicólogo e autor norte-americano conhecido por contribuir com o entendimento e melhoria da performance humana. Ele é famoso pela criação de um *framework* para a construção de objetivos de aprendizagem.

Desempenho	Condição	Critério
Consiste em uma **ação** que descreve qual atividade o aluno deverá desempenhar ao final do curso, módulo ou lição.	Descreve as **ferramentas, dados, material de apoio e outros** itens que os alunos terão à disposição.	Define a **qualidade ou quantidade recomendadas** pelos padrões da empresa. O critério pode estar ligado ao cuidado, qualidade final ou tempo (em alguns casos).

Figura 5 – *Framework* de Robert Mager para a construção de objetivos de aprendizagem

O desempenho mostra a ação que o indivíduo será capaz de realizar ao final de uma intervenção de aprendizagem. Ela descreve que atitude o aprendiz irá desempenhar como resultado de sua participação em uma experiência de aprendizagem. A condição, como o próprio nome diz, descreve os itens que precisam estar à disposição e a situação na qual a ação irá se desempenhar. O critério diz respeito à qualidade desta ação, ou seja, qual será o critério utilizado para medir a qualidade da ação.

A ação merece atenção especial uma vez que é justamente esta ação que estamos buscando mobilizar quando promovemos uma experiência de aprendizagem. Uma ação é sempre caracterizada por um verbo e este deve deixar explícito o **grau de maestria no desempenho da ação**.

Para a escolha dos verbos você deve recorrer à taxonomia de Bloom[16]. Taxonomia é o estudo científico responsável por determinar a classificação sistemática de diferentes coisas em categorias. Benjamin Bloom coordenou um grupo de especialistas nos Estados Unidos

---
16   A taxonomia dos objetivos educacionais, também popularizada como taxonomia de Bloom, é uma estrutura de organização hierárquica de objetivos educacionais. Foi resultado do trabalho de uma comissão multidisciplinar de especialistas de várias universidades dos Estados Unidos, liderada por Benjamin S. Bloom, no ano de 1956. Embora antiga, continua atual.

cujos estudos dividiram as possibilidades de aprendizagem em três domínios: o cognitivo, o afetivo e o psicomotor. Cada um desses domínios possui diferentes níveis de profundidade e é entendido como uma hierarquia uma vez que cada nível é mais complexo que o anterior.

Os níveis desta hierarquia abordam conhecimento, compreensão e o pensar sobre um problema ou fato. Assim os níveis definidos foram: conhecimento, compreensão, aplicação, análise, síntese e avaliação. Hoje a taxonomia foi revisada e está representada na Figura 6 a seguir.

Taxonomia de Bloom revisada

RECORDAR	ENTENDER	APLICAR	ANALISAR	AVALIAR	CRIAR
Reconhecer Listar Definir Rotular Nomear	Interpretar Explicar Classificar Resumir	Executar Implementar Utilizar Construir	Diferenciar Organizar Comparar Separar	Julgar Criticar Justificar Recomendar	Gerar Planejar Produzir Inventar Desenvolver

Figura 6 – Taxonomia de Bloom revisada

Da esquerda para a direita aumenta o nível de maestria da ação que deve estar explícita no objetivo de aprendizagem. Os verbos contidos em cada coluna são um exemplo uma vez que há vários outros que se aplicam no mesmo nível hierárquico.

Explicar os objetivos claramente contribui para o engajamento dos aprendizes que passam a compreender não só o que serão capazes de fazer, mas também como esse aprendizado poderá levá-los a outro patamar de atuação em suas carreiras.

> **DICAS** para colocar este comportamento em prática

Não se deixe enganar pela semântica. Explicar os objetivos claramente não significa que você vai simplesmente explicar sem interação alguma. Pergunte aos participantes em que situações de sua rotina esse grau de maestria pode ser vantajoso, explore situações reais nas quais essa ação é necessária, quais os principais ganhos da execução desta ação. Peça exemplos, questione, investigue, dialogue. Envolva os aprendizes desde o início, isso também contribui para a valorização da experiência que eles trazem em suas bagagens.

Se você estiver utilizando recursos visuais como, por exemplo, uma apresentação, mostre os objetivos para seu público, reserve tempo para que eles leiam os objetivos e em seguida promova uma breve discussão sobre a aplicabilidade do que vão aprender, principais dificuldades atuais do grupo para o exercício desta ação ou ainda principais expectativas com relação a este aprendizado.

Lembre-se: explicar os objetivos é mais do que simplesmente informar. Aproveite esta oportunidade para também promover a troca e participação.

Cria exemplos e analogias para assegurar relevância para os participantes

Este comportamento é o grande responsável por conectar o que eles vão aprender à realidade de suas rotinas. Você precisa levar as pessoas a se verem utilizando o conhecimento que vão adquirir. A utilização de perguntas é uma técnica relevante e muito utilizada para alcançar essa visualização. De onde vem esse comportamento? Do princípio da disposição apresentado anteriormente na Figura 3.

O adulto se dispõe a aprender aquilo que será útil para sua vida real, aquilo que tornará sua vida mais fácil. Isso acontece em função dos múltiplos papéis que desempenhamos em nosso dia a dia. Não temos tempo para investir com informações e conhecimentos que não consideramos úteis. Quando algo não parece relevante, não prestamos atenção.

Quando analisamos como acontece o aprendizado (processos psicológicos de aprendizagem), descobrimos a necessidade de manter a atenção do aprendiz sempre que introduzimos um novo conhecimento. Quando focamos naquilo que é essencial e na relevância que este conhecimento tem para o aprendiz, ele se dispõe e se abre ao aprendizado.

Sabemos que nas organizações as pessoas muitas vezes são convocadas para treinamentos. A própria palavra convocação desperta sentimentos desagradáveis, lembra coisas obrigatórias que em geral não são necessariamente agradáveis. Precisamos mudar este cenário e convidar as pessoas para experiências que estejam conectadas com a vida real, que sejam aplicáveis e que tornem a vida dos aprendizes mais fácil.

Eu imagino que neste momento você talvez esteja pensando que nem sempre isso é possível. Talvez você pense que eu nunca estive na sua sala de aula, onde na vida real muitas pessoas vão para um treinamento sem saber por que estão ali. Há até mesmo pessoas que vão em substituição a outras como se fosse possível aprender pelo outro. Sim, eu sei de tudo isso, pois assim como você eu vivo a rotina de sala de aula e posso afirmar que até mesmo nessas situações o IM pode despertar o interesse de quem está ali ao conectar o que vai ser aprendido com a realidade das pessoas.

Ao se deparar com pessoas que não sabem o que estão fazendo ali, explore o que elas fazem, o que elas gostam em seu trabalho, o que elas já conhecem sobre o assunto e se aproprie das respostas delas para conectar o que vão aprender ao trabalho delas. Mostre os ganhos deste aprendizado e quando esta pessoa demonstrar que já possui muito conhecimento sobre o assunto valorize este conhecimento deixando entender que as contribuições serão bem-vindas e valiosas.

DICAS para colocar este comportamento em prática

Criar exemplos e analogias para assegurar a relevância para os participantes é criar um bom racional, ou seja, é fazer com que as pessoas percebam o quanto o conhecimento que vão adquirir é essencial para o seu dia a dia.

Investigar sobre o público que estará com você é parte de seu preparo como Instrutor. Procure saber sobre a rotina das pessoas, as principais dificuldades que eles enfrentam e que estão relacionadas ao tema que é foco da experiência de aprendizagem que você vai facilitar. Utilize essas informações logo no início de sua intervenção de maneira positiva. Leve-os a imaginar que estão utilizando este conhecimento para resolver um problema frequente.

Este é um bom momento para você fazer uso de *storytelling*[17] uma vez que fazer com que os indivíduos se vejam fazendo bom uso do conhecimento que será adquirido contribuirá para a conexão emocional e esta gera disposição para o aprendizado.

Conecta atividades aos objetivos de aprendizagem durante o treinamento

Precisamos saber por que fazemos o que fazemos. Quando não temos clareza da razão pela qual precisamos fazer algo e o ganho desta ação não está explícito não conseguimos manter nossa atenção nesta tarefa.

Vimos anteriormente que mantemos nossa atenção naquilo que acreditamos ser relevante para nós. Além disso, estudos realizados nas áreas de psicologia e neurociências revelam que a capacidade de um aprendiz de reter informações se esgota no intervalo de 10 a 20 minutos. Não é por acaso que as apresentações do TED[18] duram 18 minutos.

Conectar as atividades aos objetivos de aprendizagem contribui para a manutenção da atenção que é essencial para que a aprendizagem aconteça. As distrações causam um enorme prejuízo de tempo e energia. Estudos recentes mostram que a cada interrupção demoramos cerca de 23 minutos para voltar à nossa tarefa original. Dependendo do tempo destinado a uma atividade, se o aprendiz se distrair tentando entender para que vai fazer aquilo você o perdeu. E se você o perder ele não aprenderá o que precisa.

---

17 *Storytelling* é uma palavra em inglês e significa contar histórias. Este método utiliza palavras ou até mesmo outros recursos audiovisuais para transmitir uma ideia relevante. O *storytelling* cria conexão emocional e é muito utilizado no contexto de aprendizagem.

18 TED é uma organização sem fins lucrativos dedicada ao lema "ideias que merecem ser compartilhadas". Para saber mais acesse: <https://pt.wikipedia.org/wiki/TED_(confer%C3%AAncia)>

> **DICAS** para colocar este comportamento em prática

Ao propor uma atividade deixe claro o que as pessoas vão fazer e justifique a importância desta atividade mostrando que ela contribui para o alcance do objetivo de aprendizagem. Ao fazer isso você estará conectando a atividade ao objetivo de aprendizagem.

Peça que um voluntário do grupo repita a orientação e diga o porquê de fazerem a atividade para verificar o entendimento do grupo e esclareça eventuais dúvidas antes de começarem.

Utiliza o tempo efetivamente com transições leves entre as múltiplas atividades

Utilizar o tempo efetivamente é consequência de um bom planejamento. O tempo terá sido utilizado efetivamente se o maior percentual do tempo de uma intervenção tiver sido alocado de modo a permitir a participação ativa dos aprendizes em seu processo de aprendizagem.

Fazer um bom planejamento significa que a cada novo conhecimento introduzido iremos fazer algo intencionalmente para:

- Manter a atenção dos aprendizes.
- Contribuir para a gerência da área cognitiva, pois a memória de curto prazo é muito pequena e não consegue processar um grande volume de informações.
- Conectar o conhecimento novo que está sendo introduzido com modelos mentais preexistentes.
- Exercitar para promover codificação e armazenamento na memória de longo prazo.
- Verificar a aprendizagem promovendo a recuperação do novo conhecimento armazenado.

Não é por acaso que os modelos que eu sugeri para você anteriormente para o planejamento de experiências de aprendizagem (ROPES, que é parte do Design de Aprendizagem com uso de Canvas – Trahentem® e Fluxo de Cinco Passos de Harold D. Stolovitch e Erica J. Keeps, que é parte do livro Informar não é Treinamento tem cinco fases.

Independentemente do modelo que você escolher para desenhar a sua experiência de aprendizagem ambos refletem as cinco etapas descritas acima, ou seja, ambos favorecem os processos psicológicos de aprendizagem.

Utilizar o tempo efetivamente significa que a cada vez que você introduzir um novo conhecimento ou abordar um novo tema você distribuirá o tempo de modo a priorizar o tempo investido para a apresentação de conteúdo e para os exercícios, lembrando que apresentar o conteúdo não significa palestrar sobre o mesmo. A Figura 7 ilustra como deve ser a distribuição de tempo utilizando o ROPES.

R	*Review* (revisão)	5 a 10%
O	*Overview* (Visão Geral)	10 a 15%
P	*Presentation* (Apresentação)	25 a 35%
E	*Exercise* (Exercícios)	35 a 50%
S	*Summary* (Resumo)	5 a 10%

Figura 7 – Percentual de tempo ideal para cada fase ROPES

Fazer a transição suave significa que as etapas estarão conectadas entre si, ou seja, ao terminar uma etapa você introduz a próxima como uma continuação, e não com um novo assunto ou tema. Esta transição suave é consequência da estrutura de sua intervenção, se a estrutura estiver intencionalmente encadeada você não terá dificuldade, uma vez que a lógica desempenha o papel de fio condutor.

DICAS para colocar este comportamento em prática

Mantenha o foco nos seus aprendizes, propor atividades conectadas aos objetivos de aprendizagem garante que eles vão protagonizar o processo e não você. Menos é mais! A memória de curto prazo não consegue processar grandes quantidades de informação de uma vez. Trabalhe com a essência dos conteúdos e não com volumes extensos.

Confie no grupo, evite explicações muito demoradas e detalhadas que, em geral, geram mais dúvidas do que esclarecem. Ajude o grupo a fazer a conexão de uma atividade para a outra utilizando perguntas e se apropriando do que eles trouxerem para introduzir a próxima atividade ou sequência.

Criar um ambiente favorável à aprendizagem

Neste capítulo você vai saber o que fazer para que os seus aprendizes se sintam seguros e participem ativamente de suas intervenções de aprendizagem. Você também vai aprender como evitar comportamentos que desviam a atenção do aprendiz.

Há muito a educação deixou de ser unilateral e sabemos da importância de incentivar as pessoas a protagonizarem o seu aprendizado. O Design de Aprendizagem[19] tem evoluído e começa a conquistar uma posição diferenciada na medida que é responsável pela introdução de diversas metodologias ativas[20] com este fim.

Ao mesmo tempo que o Design de Aprendizagem evolui constantemente propondo a inserção de novas metodologias precisamos mostrar para o aprendiz o quanto sua participação é importante neste processo. Um ambiente favorável à aprendizagem tem este papel. Como facilitadores do processo ensino-aprendizagem precisamos agir de modo a levar o aprendiz a perceber que ele está em um ambiente

---

19 Design de Aprendizagem é a organização sistematizada, encadeada e intencional de conteúdos, com a utilização de metodologias de aprendizagem adequadas para cada tipo de conhecimento, de modo a estimular e facilitar o processo de aprendizagem em diferentes contextos e promover a mudança de conduta com relação à performance, atitudes e comportamentos. Para saber mais leia: ALVES, Flora. **Design de aprendizagem com uso de canvas**. São Paulo: DVS Editora, 2016.

20 Metodologias ativas são estratégias de ensino centradas na participação efetiva dos estudantes na construção do processo de aprendizagem, de forma flexível, interligada e híbrida. Para saber mais leia: BACICH, Lilian; MORAN, José. **Metodologias ativas para uma educação inovadora**. Porto Alegre: Penso Editora, 2017.

seguro e sua participação é desejada. Um ambiente favorável corrobora com a andragogia, pois valoriza o princípio da experiência (reveja a Figura 3), respeitando os conhecimentos, a bagagem que cada um traz consigo.

Vamos retomar o conceito da competência e então explorar a relevância de cada comportamento observável a partir da perspectiva da aprendizagem de adultos.

CRIAR UM AMBIENTE FAVORÁVEL À APRENDIZAGEM

Engaja os participantes no seu aprendizado utilizando a interação, a linguagem verbal e não verbal e valoriza as suas contribuições para que se sintam seguros para contribuir e aprender.

Dizemos que um Instrutor Master cria um ambiente favorável de aprendizagem, ou seja, demonstra a competência "Criar um ambiente favorável de aprendizagem" quando ao observarmos sua atuação identificamos a presença dos comportamentos que evidenciam o que está descrito no conceito da competência. Vamos então investigar os motivos de cada comportamento a partir da perspectiva proposta.

Fala com clareza e sem erros de linguagem frequentes

Uma das coisas que me mais me encantam neste modelo é o fato de que ele não procura enquadrar a todos em um único estilo como se houvesse um estilo melhor ou pior de Instrutor. Ao contrário, o modelo de competências do Instrutor Master está totalmente baseado nos estudos sobre aprendizagem e no que devemos ou não fazer para favorecer o processo ensino-aprendizagem.

Um IM não precisa ser um eloquente, o papel dele não é convencer ou persuadir alguém, sua função é facilitar experiências de aprendizagem centrado no aprendiz e em sua performance. Pensando nisso, a linguagem tem um papel importante neste processo. Vícios de linguagem ou erros frequentes desviam a atenção do aprendiz que passa a prestar atenção nos erros e contar quantas vezes um vício se repete. Um Instrutor que fala com clareza e sem erros de linguagem frequentes não desvia o foco de seu aprendiz.

Mas o que são erros de linguagem? As gírias são permitidas? Devemos sempre considerar o contexto. O avanço da tecnologia, o desenvolvimento da sociedade sob o ponto de vista da inclusão e diversidade nos oferecem grandes aprendizados para direcionar o nosso trabalho. Não existe *tamanho único que vista a todos*. É preciso considerar o contexto e a linguagem que é adotada naquela circunstância para avaliarmos sua adequação. Contudo, erros de linguagem que afetam a compreensão e desviam a atenção devem ser evitados.

DICAS para colocar este comportamento em prática

A dica mais valiosa para o aprimoramento deste comportamento e para demonstrá-lo com naturalidade é a leitura. Quanto mais você ler mais rico será o seu vocabulário, melhores serão as suas construções e mais fluente será a sua fala.

Os ensaios são recomendados. Procure ensaiar para uma audiência de pessoas conhecidas, ainda que seja a sua família. Peça a opinião deles, verifique o entendimento, solicite *feedback* e acolha as contribuições que essas pessoas vão lhe dar. Quando alguém lhe aponta uma oportunidade de melhoria está lhe oferecendo um grande presente que é a possiblidade de se desenvolver.

Além dos ensaios procure gravar pequenos trechos de suas facilitações para que você os assista procurando em você os comportamentos observáveis. Não há nada como termos a oportunidade de exercitar este olhar externo para nossas ações.

Usa efetivamente linguagem corporal e tom de voz, nome dos participantes e outras técnicas para construir *rapport* e confiança para engajar participantes

Por mais que uma experiência de aprendizagem tenha sido bem desenhada e tenha metodologias ativas a participação só acontece se o ambiente for percebido como seguro. Um ambiente favorável inspira confiança, gera engajamento, faz com que as pessoas tenham vontade de participar.

Criar um ambiente favorável é desafiador se pensarmos que o ambiente é criado pelo conjunto de pessoas que se encontra neste espaço em torno de um objetivo comum. Somos seres humanos e nosso estado de espírito e humor é afetado pelos acontecimentos de nossas vidas. Lembre-se disso e coloque em prática o ensinamento atribuído ao filósofo Platão[21]: "Seja gentil, pois cada pessoa que você encontra está enfrentando uma batalha difícil". Ainda que você se porte de maneira adequada nem sempre agradamos a todos no primeiro momento.

Há diversas técnicas que podem ajudar no estabelecimento de um bom *rapport* para favorecer esta conexão e contribuir para que todos se sintam à vontade com você. Vamos começar definindo o que é um bom *rapport* no contexto de aprendizagem. *Rapport* tem origem no termo francês *rapporter* que significa "trazer de volta". O *rapport* ocorre quando surge uma sensação de sincronização entre as pessoas como resultado de uma relação agradável.

Um bom *rapport* pode ser muito útil, pois cria laços de compreensão entre os indivíduos. Isso não significa que os envolvidos aceitam cegamente a opinião uns dos outros, mas que estão abertos para ouvir-se mutuamente com interesse genuíno nas opiniões apresentadas.

Cada um de nós tem uma voz única que nos distingue dos demais e permite que sejamos reconhecidos. Nossa voz é como a música

---

21 Filósofo e matemático do período clássico da Grécia Antiga, autor de diversos diálogos filosóficos e fundador da Academia em Atenas, a primeira instituição de educação superior do mundo ocidental.

que pode acalmar, entusiasmar ou gerar sensações como o medo e a ansiedade.

Você não deve se preocupar com o seu timbre de voz e tentar mudá-lo. Como IM, o que você precisa é usar bem a sua voz, ela é o seu instrumento musical. Evite fazer uma apresentação em um único tom, pois isso pode se tornar cansativo e desviar a atenção das pessoas. Varie o tom ao longo de sua intervenção e utilize tais variações para demonstrar seu entusiasmo, estabelecer a relevância, transmitir segurança e chamar a atenção para aspectos que precisa destacar.

Seu corpo complementa o seu instrumento. Sua linguagem corporal, assim como seu tom de voz, pode contribuir para a sua mensagem ou diminuir sua credibilidade. Se você diz acreditar em algo, mas balança os ombros em sinal de desdém você gera desconfiança. Ombros caídos para a frente podem transmitir a sensação de descaso mesmo que você esteja muito entusiasmado.

Elementos como o andar apressado pelo espaço físico, esfregar de dedos ou falar rápido demais transmitem a sensação de nervosismo. Procure deslocar-se sem pressa e falar pausada e firmemente. Utilizar o nome dos participantes para dirigir-se a eles gera conexão. Nos sentimos valorizados quando alguém nos chama pelo nosso nome.

DICAS para colocar este comportamento em prática

Uma das técnicas mais conhecidas para o estabelecimento de um bom *rapport* é o espelhamento que consiste na reprodução de alguns elementos da linguagem corporal da outra pessoa como, por exemplo, a postura, gestos, tom de voz e expressões faciais. Quando nos reconhecemos no outro tendemos a ser mais acolhedores. Quando utilizar o espelhamento seja cuidadoso e não exagere para evitar o efeito contrário.

O nervosismo é natural e também significa que você respeita as pessoas que irão participar de sua intervenção. Contudo o excesso de nervosismo pode ser paralisador. Utilize técnicas de respiração, *mindfulness* e ancoragem antes de iniciar o seu trabalho.

Esforça-se para engajar a todos os participantes (passivos ou resistentes) e também stakeholders

Vimos anteriormente que há diversos acontecimentos que podem influenciar o ânimo das pessoas para participarem de uma experiência de aprendizagem e que você, como Instrutor Master, pode reverter essas situações. Este comportamento está diretamente relacionado à sua capacidade de engajar a todos os envolvidos no processo de aprendizagem das pessoas que estão com você em uma experiência.

Um indivíduo desengajado pode desencadear um processo que envolve outras pessoas e prejudica o aprendizado do grupo como um todo. É missão do IM estar atento não só aos participantes, mas também a todos os *stakeholders*. Em inglês *stake* significa interesse, participação, risco; *holder* significa aquele que possui, ou seja, *stakeholder* é um termo utilizado para nos referirmos a todas as partes interessadas em uma intervenção de aprendizagem.

Esteja atento para identificar possíveis resistências e se esforce para compreender a sua origem. Ao compreender lide com essa situação de modo a engajar a pessoa resistente utilizando fatores que sejam importantes e relevantes para esta pessoa, sob a perspectiva dela. Saiba que entre os seus aprendizes podem haver influenciadores que estão ali justamente para validar a experiência e também o seu trabalho. Ao identificar estes indivíduos, procure compreender as suas necessidades e mostre-se aberto para *feedbacks* e ajustes que possam ser necessários.

Aprendizes resistentes são mais fáceis de identificar. Não deixe de analisar o grupo como um todo a fim de identificar pessoas que aparentemente não estão resistindo, mas também não estão engajadas. Participantes passivos são, muitas vezes, os mais difíceis de se identificar. Ao perceber este comportamento, investigue a origem da passividade e promova oportunidade para que este indivíduo identifique o ambiente como favorável para suas contribuições mesmo que seja tímido ou tenha mais dificuldade para compartilhar.

Um fato bastante comum é a presença de pessoas da área de Recursos Humanos, Treinamento, ou até mesmo instrutores da organização que o contrata. Se isso acontecer saiba que você terá vários desafios. O primeiro deles é justamente engajar essas pessoas na experiência de aprendizagem e desconectá-los do mundo lá fora. Eles são *stakeholders*, mas não apresentam o gap de performance que é objeto da experiência de aprendizagem e por isso a tendência é que se desconectem de você e distraiam os aprendizes.

Profissionais que acompanham experiências de aprendizagem como ouvintes tendem a dispersar sobretudo a atenção do Instrutor que busca identificar se a conversa paralela se refere ao que está acontecendo na sala ou não. Procure alinhar com os ouvintes a finalidade da presença deles e também deixe claro que sua atenção estará 100% focada nas necessidades dos aprendizes. Demonstre o seu compromisso com os resultados e peça a colaboração deles para que tudo saia como programado.

> DICAS para colocar este comportamento em prática

Estabeleça contato visual com todos, certifique-se de que todos entenderam todas as instruções e ofereça apoio para a execução das tarefas quando for cabível. Quando notar um aprendiz muito passivo aproxime-se e verifique se esta pessoa está executando o que é necessário. Lembre-se, há perfis de aprendizes diferentes e se você notar que o comportamento passivo é expressão de um perfil específico dê espaço para a pessoa produzir.

Antes de começar uma intervenção na qual haverá a presença de ouvintes, alinhe previamente com eles todos os pontos que podem atrapalhar a sua condução. Combine um código de comunicação caso eles precisem fazer uma intervenção que não possa esperar e engaje essas pessoas para que compartilhem com você a responsabilidade pelo sucesso.

Constrói sobre os comentários dos participantes durante o treinamento

Quando você constrói sobre os comentários trazidos pelos participantes durante uma intervenção de aprendizagem está colocando em prática o terceiro princípio da aprendizagem de adultos que diz respeito à experiência. Ao ouvir a contribuição trazida por um aprendiz, agradecer sua participação e adicionar conhecimento a partir desta contribuição, você valoriza o conhecimento e a bagagem desta pessoa.

Ao sentir que a contribuição foi acolhida, o aprendiz automaticamente se sente parte integrante da construção de seu aprendizado e também do aprendizado de seus colegas. Muitos aspectos positivos podem resultar desta percepção e eu gostaria de destacar aqui a responsabilidade resultante da confiança depositada no aprendiz.

Confiança e responsabilidade andam de mãos dadas. Quando sabemos que alguém confia em nós, sentimos o peso da responsabilidade e automaticamente somos mais cuidadosos com as nossas colocações no sentido de procurarmos fazer o nosso melhor para contribuir com o outro.

Construir sobre os comentários dos participantes também contribui para que os novos conhecimentos apresentados se conectem a modelos mentais preexistentes. É como se você ajudasse o seu aprendiz a montar um quebra-cabeça de muitas peças, isso é, começamos pelas bordas para criar uma referência que facilite o encaixe.

DICAS para colocar este comportamento em prática

Aqui a dica mais valiosa é a atenção plena. Ser um IM não é ser um grande especialista em um assunto. Ser um Instrutor Master é estar disposto a exercitar a atenção plena durante todo o processo de facilitação. É querer estar presente no aqui e agora, exercitando a escuta ativa, investigando o que o seu aprendiz realmente precisa e se certificando de que você realmente compreendeu antes de dar uma resposta e, uma vez que tenha entendido é momento de exercitar a sua flexibilidade cognitiva.

Flexibilidade cognitiva é a capacidade de, frente a novos problemas, reorganizar rapidamente o seu repertório utilizando diferentes conjuntos de regras, ou seja, o IM deve buscar e agrupar em seu repertório as informações necessárias para gerar novas respostas e contribuir com novas perspectivas.

O Instrutor Master será tão melhor quanto maior for a sua capacidade de estar presente para ouvir, investigar, reorganizar o seu repertório e responder. Muitas vezes pode ser que o seu repertório não seja suficiente e, nesse caso, será necessário recorrer ao conhecimento trazido pelos participantes para resolver um problema.

Lembre-se: você não precisa ter todas as respostas, mas precisa estar preparado para facilitar a discussão, colaborar, contribuir e conduzir o grupo para a solução do problema.

Assegura a participação entre participantes e consigo de maneira respeitosa e focada no aprendizado

Este comportamento está diretamente ligado à capacidade do IM de exercitar a humildade. Uma experiência de aprendizagem não existe para que o instrutor mostre o quanto é brilhante e conhece sobre o assunto. Ela existe para proporcionar ao aprendiz oportunidade de melhorar o seu desempenho por meio da aquisição de novos conhecimentos e desenvolvimento de novas habilidades.

Ser um Instrutor Master é utilizar o seu conhecimento para valorizar as contribuições e aprendizados do outro. Acender a luz do próximo torna a sua ainda mais forte. Mantenha sua atenção focada no aprendizado, sempre que perceber que o assunto está desviando, se esforce para trazer o grupo de volta para o foco de maneira respeitosa e valorizando o aprendizado.

Não aceite provocações, mantenha a calma e lembre-se que a relevância do aprendizado faz com que o adulto esteja presente. Retome o objetivo de aprendizagem e reconecte-o com o exercício da função dos participantes sempre que necessário.

> **DICAS** para colocar este comportamento em prática

Neste caso a melhor dica é o exercício do pensamento de Carl Jung: "Conheça todas as teorias, domine todas as técnicas, mas ao tocar uma alma humana, seja apenas outra alma humana".

Respeito é o maior presente que podemos oferecer a qualquer pessoa. A palavra respeito demonstra um sentimento positivo e significa o apreço, a consideração, a deferência. Na sua origem, em latim, a palavra *respectus* significava olhar outra vez. Note a beleza deste significado uma vez que tudo o que merece um segundo olhar é digno de respeito.

O respeito tem um grande significado na relação humana, uma vez que quando respeitamos alguém nos privamos de agir de maneira reprovável com relação a outra pessoa. Para o IM, o respeito significa este entendimento, significa exercitar este segundo olhar, respeitando posições divergentes e tendo habilidade para mobilizar a convergência para a aprendizagem.

Facilitar o aprendizado

Este capítulo aborda o conceito central da atividade de um Instrutor Master. Ser um instrutor é muito mais do que transmitir informações, ser um IM é a arte de facilitar o aprendizado do outro.

A facilitação é a combinação perfeita entre ciência e arte, pois é preciso manter a atenção em tudo o que está acontecendo sobre o tema que você aborda e no ambiente onde a experiência de aprendizagem acontece. É preciso também conhecer a si mesmo e saber como lidar com o imprevisível.

Esta competência apresenta o maior desafio e também guarda o grande segredo do verdadeiro Instrutor Master. Se por um lado facilitar o aprendizado do outro requer muito desprendimento para que o IM esteja focado no outro e não em sua própria atuação, por outro lado o processo de facilitação requer muita dedicação e empenho para o desenvolvimento de novas habilidades.

Quando exploramos a primeira competência, "Preparar-se" e seus respectivos comportamentos observáveis mencionei que mais adiante abordaríamos os processos psicológicos de aprendizagem com o objetivo de tornar mais fácil a compreensão do processo de facilitação.

A Figura 8 a seguir ilustra como funciona nossa memória de curto e de longo prazo e o que precisamos fazer para reter conhecimentos. Sugiro que você invista alguns minutos para analisar a figura e então prossiga.

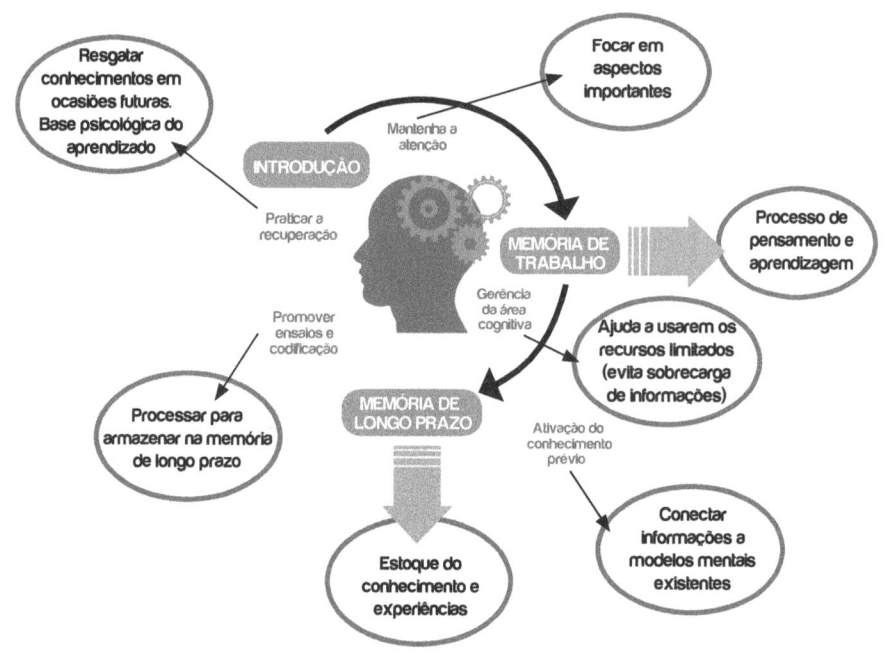

Figura 8 – **Memória, retenção e recuperação**

Pense no processo esquematizado da Figura 8 como um percurso a ser feito para que um novo conhecimento seja adquirido e armazenado de modo a ser recuperado no futuro quando necessário.

Os nossos sentidos são os responsáveis pela captação do mundo que nos cerca. É por meio deles que recebemos as informações. Neste exato momento você não está prestando atenção no móvel que está à sua frente, nas pessoas que passam ou até mesmo nos ruídos que com certeza estão sendo emitidos ao seu redor. Talvez agora esteja, pois eu chamei a sua atenção para isso.

Temos a habilidade de filtrar irrelevâncias perceptivas, nós somos seletivos. Mesmo que eu tenha chamado a sua atenção para as coisas que estão no seu ambiente, o seu sistema nervoso autônomo ajusta sua consciência aos estímulos e volta a focar na leitura. Assim como a necessidade de pensar conscientemente no movimento da respiração, a atenção tende a controlar a respiração automaticamente também.

As informações que passam por nossos filtros são processadas em nossa memória de curto prazo que é limitada em termos de tamanho, se uma informação não é tratada ela desaparece em cerca de 10 a 15 segundos. Sob o ponto de vista de aprendizagem, se o indivíduo que participa de uma experiência não percebe uma informação como importante automaticamente ela desaparece.

Sabendo disso precisamos fazer algo para favorecer o processo de retenção. Começamos por manter a atenção do aprendiz para que a informação passe pelo filtro e para isso devemos focar apenas nos aspectos que são realmente importantes. De nada adianta oferecermos um volume excessivo de informações, pois na memória de curto prazo não há espaço para o processamento de grandes volumes. Há estudos que indicam que a memória de curto prazo consegue armazenar apenas de cinco a nove itens, ou pacotes, de cada vez.

Inserir pequenas quantidades de informação de cada vez favorece a gerência da área cognitiva. Uma vez que as pessoas estejam sobrecarregadas de informações não adianta prosseguir, pois não será possível aprender ou reter. Para facilitar o reconhecimento da relevância e a decisão de que uma informação é importante e merece ser armazenada você deve conectar os novos conhecimentos com aqueles já existentes.

A memória de longo prazo é virtualmente ilimitada, mas para que os novos conhecimentos sejam resgatados no futuro é preciso organizar bem aquilo que está sendo guardado a fim de que, quando necessário, seja possível resgatar rapidamente aquilo que foi guardado.

A facilitação de uma experiência de aprendizagem deve favorecer este processo para que a aprendizagem ocorra e seja efetiva. Note que os comportamentos atrelados a cada competência deste modelo estão conectados com o que é preciso ser feito para facilitar a retenção e recuperação das informações pelos aprendizes. Vamos então explorar os comportamentos da competência "Facilitar o aprendizado".

Lembre-se: como diz Elaine Biech (2005), excelentes instrutores sempre são facilitadores primeiro e apresentadores depois.

Vamos retomar o conceito da competência e então explorar a relevância de cada comportamento observável a partir da perspectiva da aprendizagem de adultos.

FACILITAR O APRENDIZADO

Mostra-se entusiasmado pelo tema de modo a gerar credibilidade e interesse e promove o aprendizado utilizando técnicas de facilitação adequadas para cada tipo de conhecimento, além de fazer uso de perguntas diversificadas.

Dizemos que um Instrutor Master está preparado, ou seja, demonstra a competência "Facilitar o aprendizado" quando ao observarmos sua atuação identificamos a presença dos comportamentos que evidenciam o que está descrito no conceito da competência. Vamos então investigar o motivo de cada comportamento a partir da perspectiva proposta.

Utiliza efetivamente técnicas de apresentação, como contato visual, movimentos, gestos e técnicas não verbais, entusiasmo pelo tópico, recursos visuais, etc.

Este comportamento está diretamente conectado aos estímulos e filtros. Quando você demonstra entusiasmo e mantém a atenção do grupo focada no que é relevante você está contribuindo para que os estímulos que concorrem com você sejam percebidos como irrelevantes.

A visão é responsável por 83%[22] das informações que captamos do ambiente, a audição por 11%. Ao estabelecer contato visual e utilizar

---

22 Visão 83%, audição 11%, olfato 3,5%, tato 1,5%, paladar 1%. Estes são os percentuais de volume de informações captados por cada sentido independentemente de preferências em termos de aprendizagem. Fonte: STOLOVITCH, Harold; KEEPS, Erica. **Informar não é treinamento**. Rio de Janeiro: Qualitymark, 2011.

sua voz para demonstrar entusiasmo pelo tema e combinar recursos visuais de maneira adequada você está contribuindo para o envolvimento dos sentidos de seus aprendizes de maneira organizada e significativa e isso favorece o aprendizado.

Sobre os recursos visuais cabe uma observação importante. Os recursos devem ser utilizados como suporte sempre que as imagens corroborarem com aquilo que está sendo dito ou proposto. Diferente do marketing, onde os *teasers*[23] são bem-vindos, quando o contexto é a aprendizagem as imagens e animações devem contribuir para o armazenamento e retenção.

> DICAS para colocar este comportamento em prática

Preste atenção em sua comunicação verbal. A projeção da sua voz, o passo e a frequência são cruciais para uma boa apresentação. Como mencionado anteriormente, evite a monotonia (invariabilidade do tom).

Faça contato visual para que as pessoas se sintam parte da apresentação e também para detectar a compreensão, incompreensão e até mesmo aborrecimento em sua audiência.

Evite estar parado muito tempo e também movimentação brusca e intensa. O nervosismo pode levar você a usar um determinado gesto repetidamente (o click de uma caneta, por exemplo). Nunca masque chicletes nem morda dedos e unhas.

Você pode ter suas anotações e isso não é problema, mas evite manuseá-las sem necessidade.

Usa perguntas para aumentar as oportunidades de aprendizado

O uso de perguntas se tornou parte integrante de qualquer intervenção e quanto melhor você se tornar na arte de perguntar, melhor será a qualidade das respostas, reflexões e aprendizado de seus gru-

---

23 Recurso de propaganda utilizado para novos produtos, onde se omite a identificação do produto com o objetivo de provocar a curiosidade do público em torno de seu lançamento iminente.

pos. Podemos classificar as perguntas em três categorias conforme abaixo:

1. **Perguntas abertas:** são perguntas que requerem respostas compostas por mais de uma única palavra permitindo que os participantes expressem seus pensamentos, sentimentos, ideias e opiniões. Utilizar este tipo de pergunta é excelente para obter o engajamento das pessoas.
2. **Perguntas fechadas:** às vezes é preferível utilizar este tipo de pergunta especialmente para obter respostas específicas sobre fatos e informações. Um bom exemplo é uma situação na qual você pode querer saber quem leu o texto enviado previamente.
3. **Perguntas hipotéticas:** são utilizadas quando se deseja levar as pessoas a pensar livremente sobre um assunto para o qual muitas respostas podem ser válidas. Essas perguntas frequentemente começam por "E se...?". Suponha que você esteja facilitando um treinamento sobre atendimento, um bom exemplo de pergunta hipotética poderia ser: "E se um cliente com quem você está falando ao telefone ficasse tão irritado a ponto de dizer que deseja cancelar o contrato e ir para a concorrência? O que você faria?

DICAS para colocar este comportamento em prática

Utilizar perguntas é uma arte que anda de mãos dadas com a escuta. Ao fazer uma pergunta para o grupo esteja preparado para esperar a resposta. Não há nada pior que fazer a pergunta e responder logo a seguir. Quando a pergunta é boa o grupo precisa pensar para responder. Sempre acolha as respostas trazidas pelo grupo, agradecendo e construindo a partir dos comentários dos participantes.

Ao se preparar para facilitar uma experiência de aprendizagem procure refletir sobre as dúvidas que podem surgir e elabore boas perguntas que você faria se estivesse na audiência. Essas perguntas podem funcionar como *starters* de conversação[24] de uma atividade em duplas ou em grupos. Ao elaborar as perguntas assegure-se de que elas este-

---

[24] *Starters* de conversação são perguntas que você prepara antecipadamente para promover uma discussão sobre determinado assunto. Essas perguntas podem ser escritas em cartas, dados ou onde mais sua imaginação o levar.

jam alinhadas aos objetivos de aprendizagem propostos, além de conectadas com as situações reais da rotina de seus aprendizes.

Utilize perguntas para investigar:
- O que sua audiência precisa aprender a respeito de determinado assunto?
- Que desafios as pessoas estão enfrentando relacionados ao tema?
- Que outras soluções eles podem sugerir para um determinado problema?
- Quais os passos recomentados para a solução de um problema?
- Que recursos essenciais são necessários para a execução de uma tarefa?
- Em que condições uma determinada situação pode acontecer e o que fazer para prevenir sua ocorrência?
- O que está impedindo os seus aprendizes de chegar a um determinado resultado?
- Que comportamentos favoreceram ou atrapalharam a execução de determinada tarefa?

Como você pode observar, as perguntas podem ser utilizadas em inúmeras situações e com objetivos diversificados. Você pode fazer as perguntas para que a sua audiência responda e pode também desenvolver atividades que utilizam perguntas. Em função da riqueza e importância do tema "perguntas", voltarei a falar sobre elas quando eu abordar a competência "Medir o progresso de aprendizagem" e oferecerei outras dicas sobre o seu uso.

Oferece suporte verbal e não verbal às respostas dos participantes

Note que este comportamento está diretamente relacionado ao anterior e também à sua escuta. Sempre que alguém responder a uma pergunta é essencial que você valide esta contribuição. Ao fazer isso você estará acolhendo a pessoa que respondeu e também estimulando os demais a participar.

Este processo também contribui para que a atenção de seu interlocutor permaneça com você. Um grupo que apresenta um bom nível de interação fica menos sujeito a estímulos externos e tem mais chance de retenção.

Agradeça a contribuição, seja um bom ouvinte e esteja presente para fazer conexões. Esta atitude é a tradução do princípio da experiência na andragogia. Lembre-se de que o adulto traz consigo uma bagagem que precisa ser valorizada, respeitada. O cuidado deve estar na manutenção do foco e controle do ritmo do grupo que muitas vezes pode desviar o assunto e se prolongar demais prejudicando o seu planejamento. Quando isso acontecer verbalize que a discussão é interessante, mas vocês estão desviando do conceito central e convide o grupo a seguir em frente.

Sua linguagem corporal e expressão facial são bons aliados para este comportamento. Mantenha uma atitude positiva, se aproxime das pessoas, mantenha contato visual e o seu semblante sereno.

DICAS para colocar este comportamento em prática

Evite fazer comentários que expressem julgamento mesmo que sejam positivos. Imagine que você tenha acolhido contribuições com cumprimentos do tipo "brilhante observação" e "excelente resposta" para as duas primeiras pessoas e então a terceira responde algo totalmente em desacordo com você. Como se sair dessa situação? O ideal é que você simplesmente agradeça pela contribuição utilizando frases como "obrigada pela contribuição". Assim você evita julgamentos e situações que podem ser embaraçosas.

Ao longo do tempo verifique com o grupo se todos estão acompanhando o raciocínio antes de seguir em frente. Você pode simplesmente perguntar "antes de seguirmos em frente há algo mais que seja necessário acrescentarmos a este tópico?"

Responde às perguntas dos participantes efetivamente

Responder as perguntas dos participantes efetivamente significa resolver a questão trazida e se certificar de que sua resposta foi adequada. Anteriormente quando falei sobre a memória e a retenção destaquei a importância do encadeamento lógico das informações para o aprendizado e retenção. Ao responder as perguntas efetivamente você garante a eliminação de eventuais lacunas que poderiam atrapalhar este processo.

Seja honesto quanto à correção ou incorreção nas respostas dos participantes. Mostrar a eles o que está correto e o que está incorreto também é responder efetivamente. Sempre que possível suporte as suas respostas por dados e pesquisas. Lembre-se de utilizar perguntas de verificação para checar o entendimento da resposta que você deu e peça para o seu interlocutor parafrasear a resposta ou dar um exemplo sempre que cabível.

Quando você não souber a resposta aproprie-se da experiência do grupo perguntando como eles responderiam a esta pergunta ou resolveriam este problema. Demonstre segurança até mesmo para dizer que não sabe. E quando não souber prontifique-se para buscar a resposta e retorne com a maior brevidade possível, preferencialmente logo após o próximo intervalo.

DICAS para colocar este comportamento em prática

Busque evidências não verbais para assegurar que sua resposta foi satisfatória. Mesmo os mais tímidos deixam transparecer o não entendimento franzindo a testa ou movimentando os músculos da face em desagrado.

Utiliza de fato técnicas de facilitação para conduzir os participantes por pelo menos um exercício

Vamos pensar no significado contido neste comportamento. Facilitador é aquele que guia o aprendizado ou o torna mais fácil quanto ao conteúdo e sua aplicabilidade. A facilitação consiste em envolver os participantes de um grupo enquanto os ajuda a interagir e aprender uns com os outros por meio do compartilhamento aberto e genuíno de pensamentos, ideias e opiniões.

O facilitador orquestra este processo por meio de perguntas, silêncio e proposição de atividades. Para isso o Instrutor Master precisa ter criado o ambiente favorável de modo a encorajar a participação de seus aprendizes uma vez que é justamente esta participação que assegura o protagonismo do aprendizado.

As técnicas efetivas de facilitação começam pela escolha da atividade. Evite a armadilha de selecionar uma atividade por tê-la utilizado anteriormente ou gostar dela. As atividades selecionadas para uma experiência de aprendizagem devem sempre contribuir para o alcance dos objetivos estabelecidos.

Muitas pessoas têm dificuldade para internalizar o que é um exercício ou uma atividade dentro do contexto de um treinamento. O simples uso da palavra atividade muitas vezes leva as pessoas a pensar em algo extremamente complexo e trabalhoso. Uma atividade é um mecanismo de interação promovido intencionalmente pelo IM para promover a aprendizagem por meio da participação ativa do aprendiz.

Esta atividade pode ser individual, em duplas ou em grupos e pode envolver desde a resolução de um problema até um jogo complexo desde que estes estejam ligados ao conhecimento que precisa ser adquirido. Note que este conhecimento pode ser técnico ou comportamental.

O processo de facilitação pode ser dividido em três momentos. O primeiro momento acontece antes da atividade em si e é quando o instrutor deverá explicar o que é a atividade, para que ela serve, como se conecta com os objetivos de aprendizagem e como deve ser executada.

O segundo momento consiste na execução da atividade em si. Durante a execução da atividade o IM deverá acompanhar a execução, monitorar o tempo, fazer perguntas para aumentar a oportunidade de aprendizado e observar tanto os comportamentos do grupo como os sinais não verbais. A ação do facilitador pode variar de acordo com o objetivo da atividade e por isso a escolha da atividade é de extrema importância.

O terceiro e último momento é crucial, pois é justamente nele que acontece o *debriefing*[25] ou processamento da atividade. Neste momento o Instrutor Master deverá explorar, a partir da experiência ou atividade, quais foram os principais aprendizados e aplicabilidade destes no trabalho dos participantes.

Quando a atividade proposta é uma vivência, utilizamos o Ciclo de Aprendizagem Vivencial (CAV) para fazer o seu *debriefing*. O conceito teve origem nas pesquisas de David Kolb (1990)[26]. Para Kolb a criação e transferência de aprendizagem é muito mais que a mera reprodução, é um processo que passa pela reflexão, crítica e internalização do que experimentado, vivido.

O Ciclo de Aprendizagem Vivencial acontece quando alguém se envolve em uma atividade, faz a análise crítica desta e extrai insights a partir de sua análise e aplica o que aprendeu. O IM pode utilizar recursos como dinâmicas de grupo e outras experiências conectadas a um objetivo de aprendizagem para promover intencionalmente este ciclo.

A frase atribuída a Confúcio transmite com clareza a importância do protagonismo do aprendiz para a transferência daquilo que foi aprendido para a prática: "Diga-me e eu esquecerei. Mostre-me e eu lembrarei, envolva-me e eu entenderei." Tenha isso em mente quando programar sua próxima intervenção.

---

25 O *debriefing* é uma ferramenta bastante utilizada para potencializar a aprendizagem por meio da experiência. O conceito é utilizado para se referir às questões de resolução de problemas, gestão de processos, desempenho e outras questões.

26 Psicólogo norte-americano cujo interesse e publicações focaram na aprendizagem experiencial, a mudança dos indivíduos e da sociedade, além de temas ligados ao desenvolvimento de carreira e educação profissional e executiva.

> **DICAS** para colocar este comportamento em prática

Escolha atividades que permitam ao grupo exercitar o que foi proposto no objetivo de aprendizagem. Nem tudo o que você precisa está pronto, use a imaginação e o seu conhecimento sobre o tema para criar verdadeiras experiências.

Ao propor uma atividade estabeleça o seu objetivo com clareza e conecte-a ao objetivo de aprendizagem. Explique claramente o que deve ser feito, como deve ser feito e que recursos podem ser utilizados. Estabeleça o tempo de execução e esclareça dúvidas. Experimente checar o entendimento do grupo pedindo que um voluntário repita as instruções.

Entregue os recursos (materiais) para a execução da atividade somente após o esclarecimento de dúvidas. Isso contribui para a manutenção do foco e consequentemente da atenção do grupo.

Durante a execução mantenha atenção plena ao que acontece com os grupos e quando for pertinente ofereça ajuda e lembre-se de sempre fazer perguntas para aumentar a oportunidade de aprendizado.

Ao término da atividade conduza o *debriefing* explorando quais as principais percepções, emoções e aprendizados do grupo. Tenha um conjunto de perguntas elaborado para a atividade que ajude você a conduzir o grupo na direção dos aprendizados necessários e previamente planejados para a atividade. Trace paralelos entre a experiência (atividade) e a vida real dessas pessoas e, por fim, explore a aplicabilidade.

Não se limite pelo vocabulário. A atividade pode ser um estudo de caso, uma prototipagem, uma dinâmica de grupo, um vídeo, um jogo e inúmeras outras experiências que você pode criar para facilitar o aprendizado do grupo.

Gerir desafios

Neste capítulo vamos explorar os principais desafios que podem acontecer durante uma experiência de aprendizagem e como lidar com eles.

Esta competência está focada nas habilidades necessárias para lidar com as diversas situações que podem acontecer no ambiente educacional. Alguns desses desafios estão relacionados com as pessoas que fazem parte de sua audiência e também com os *stakeholders*, mas isso não é tudo. Desafios também podem envolver aspectos como a logística, imprevistos com trânsito e estradas e até mesmo a falta de energia no espaço onde você vai facilitar uma experiência.

Gerir desafios começa com o seu preparo uma vez que o equilíbrio emocional e a capacidade de lidar com o estresse são habilidades que exigem a prática constante. Ser um Instrutor Master é uma atividade extremamente gratificante e que exige muito do profissional. Esta exigência decorre da natureza do trabalho de facilitação. Você já me viu mencionar, mais de uma vez nesta obra, que a facilitação é um exercício de atenção plena e é justamente essa característica que demanda de você cuidados com relação ao seu equilíbrio.

Elaine Biech, uma das maiores referências na área de Treinamento e Desenvolvimento de Talentos, em seu livro Training for Dummies menciona que como em toda profissão existem características que aumentam a possibilidade de alguém se realizar profissionalmente como um instrutor. Dentre essas características destacarei aquelas que estão diretamente relacionadas com a habilidade para gerir desafios. São elas:

- Ter assertividade e influência.
- Conciliar lógica e criatividade.
- Construir confiança.
- Ser equilibrado.
- Ter orientação para o cliente.
- Ter entusiasmo.
- Ser um bom ouvinte.
- Demonstrar imparcialidade e objetividade.
- Ser um eterno aprendiz.
- Ser paciente.
- Ter orientação para pessoas, ser amável e acessível.
- Demonstrar autossuficiência.
- Possuir senso de humor.
- Ser orientado para solução e resultados.
- Possuir senso de negócios.
- Saber trabalhar em equipe.
- Tolerar ambiguidade.
- Ser bem organizado.

Além dessas características essenciais para o sucesso como IM há muito mais nos bastidores de nossa atuação. Embora esta profissão pareça muito glamorosa para quem observa de fora há muitos desafios que não são visíveis e que podem desequilibrar alguém. O modelo de competências do IM que engloba essas e muitas outras características é apenas um prerrequisito. Muito mais desafiador é ter força mental e emocional.

Facilitar experiências de aprendizagem exige muita energia. Se você se cansa com facilidade, tem dificuldade para encorajar a si mesmo ou tende a se frustrar quando as coisas não saem como você planejou talvez esta não seja a melhor função para você. Entre os aspectos que fazem parte dos bastidores da atuação de um Instrutor Master es-

tão alguns que podem influenciar diretamente a sua capacidade para lidar com desafios. São eles:
- Trabalhar mais que oito horas por dia.
- Permanecer além do horário de término de trabalho.
- Ficar em pé o dia todo.
- Desempenhar quando não está se sentindo bem.
- Doar-se sem esperar nada em troca.
- Lidar constantemente com problemas de logística.
- Carregar malas e investir tempo em deslocamento e aeroportos.
- Oferecer *feedback* honestamente.
- Lidar com o fracasso, identificar soluções e implementar melhorias.

Analisar o cenário real não tem o objetivo de desencorajar você, e sim alertá-lo para o fato de que há desafios que não são evidentes e que podem influenciar a sua performance.

Sabendo disso você deve buscar mecanismos para se manter equilibrado em todas as dimensões para que possa fazer o seu melhor e gerir com tranquilidade as situações que se apresentarem para você. Imprevistos acontecerão e eles são parte de nossa rotina. Tendo isso como premissa há uma série de coisas que você pode fazer para se antecipar e prevenir algumas dessas situações.

Antes de mergulhar no conceito da competência e seus respectivos comportamentos como fizemos com as competências anteriores vou oferecer a você algumas sugestões para que o seu dia seja sempre mais leve.

ESTEJA SEMPRE ADIANTADO

Os participantes podem chegar atrasados, você não. Chegar atrasado desencadeia processos difíceis de controlar. Sabemos que o trânsito é sempre um fator gerador de estresse e ansiedade, pois é algo que não podemos controlar. Estar sempre antecipado garante que você irá conseguir lidar com variáveis como:

- Acidentes que pioram o trânsito;
- Falta de visibilidade e aeroportos fechados;
- Problemas com o seu veículo;
- Dificuldade para estacionar;
- Informações equivocadas de localização;
- Sala trancada;
- Ausência de apoio logístico.

Recomenda-se que você se programe sempre para chegar com no mínimo uma hora de antecedência de seu horário programado para iniciar, assim, mesmo que alguns aprendizes também cheguem mais cedo devido a horário de voos ou rodízio de seus veículos você conseguirá organizar a sala e dar a eles atenção.

ARRUME A SALA COM TUDO O QUE VAI PRECISAR

Muitas experiências de aprendizagem demandam uma grande quantidade de materiais didáticos, jogos e outros itens como painéis para serem colados nas paredes, cadernos e canetas para serem distribuídos, recursos audiovisuais e inúmeros outros. Deixar a sala arrumada e testar os seus equipamentos deixará você mais tranquilo e pronto para recepcionar os seus aprendizes.

CUIDE DE SUA APARÊNCIA

Estar seguro com relação à sua aparência é importante para que você demonstre confiança. Observe o código de vestimenta do cliente e local onde fará sua intervenção e escolha a sua roupa de modo a sentir-se bem. Estar muito formal em ambientes mais informais pode fazer você se sentir tão desconfortável quanto o contrário. Considere o contexto e o que você quer comunicar para decidir como se apresentar.

Você é a primeira informação que as pessoas receberão ao chegar e sabendo disso você deve utilizar a sua vestimenta e postura para transmitir segurança ao mesmo tempo que demonstra receptividade. O conforto é essencial, pois qualquer coisa que estiver incomodando você pode desviar a sua atenção e prejudicar a sua percepção.

ESTEJA ATENTO À SUA ALIMENTAÇÃO E AO SEU SONO

Ser o primeiro a chegar e o último a sair tem seus desafios. A intensidade de sua rotina pode levar você a dormir pouco e se descuidar da sua alimentação. Dormir pouco não significa dormir mal. Há pequenas práticas cotidianas que podem contribuir, e muito, com a sua saúde. Introduza exercícios de respiração e meditação antes de dormir e ao acordar, pequenas sessões de massagem estão sempre disponíveis até mesmo nos aeroportos e lembre-se de evitar o uso de dispositivos eletrônicos na cama.

A alimentação merece atenção especial e neste ponto levar consigo a sua refeição é o ideal. Pequenos kits de castanhas e sementes ajudam a elevar o nível de energia, frutas e alimentos leves devem estar sempre à mão para evitar o consumo de alimentos que não sejam saudáveis. Hoje há diversos modelos de equipamentos disponíveis no mercado para garantir que você possa transportar a sua comida sem riscos.

Reserve alguns minutos só para você ao longo do dia e resista ao convite para sair com todos para almoçar a fim de se preservar. Além de ser o seu momento para repor as energias, você também aproveitará estes intervalos para checar os seus recados e resolver eventuais problemas que tenham surgido ou buscar informações para esclarecer dúvidas. Antes de reiniciar respire, se concentre e lembre-se de se hidratar ao longo do dia.

DEIXE O ROTEIRO CLARO NO INÍCIO DO DIA

Saber o que vai acontecer e o que é importante elimina a ansiedade do grupo e dá a você a oportunidade de se aproximar dos demais. Estabeleça com o grupo horários para intervalos e seja pontual com relação ao combinado. Depois de explorar os objetivos de aprendizagem faça uma rodada de expectativas utilizando-a como oportunidade para checar o alinhamento entre os objetivos e as perspectivas trazidas.

Eu recomendo que você estabeleça com o grupo as "Regras de Ouro" para a convivência. Uma forma de fazer isso é pedindo que um voluntário registre em uma folha de *flipchart* tudo o que o grupo considerar importante estar presente ao longo da experiência de aprendizagem. Ao fazer isso você ganha a colaboração de todos para manter as regras e efetivamente trabalha com o que é importante para cada grupo.

Evite mencionar regras como "manter o celular desligado" ou restringir o seu uso. Quando você faz isso na verdade está chamando a atenção das pessoas para algo que talvez eles nem estivessem pensando. Lembre-se que cada indivíduo tem um canal preferencial de aprendizagem e com a proliferação dos aplicativos muitas pessoas fotografam e tomam notas nos seus celulares. Restringir o uso pode gerar um bloqueio de aprendizagem.

Agora que você já sabe quais são as ações preventivas que você pode adotar para minimizar os desafios, vamos retomar o conceito da competência e então explorar a relevância de cada comportamento observável a partir da perspectiva da aprendizagem de adultos.

GERIR DESAFIOS

Mantém o controle emocional frente a desafios trazidos pelos participantes e gere situações inesperadas demonstrando flexibilidade enquanto resolve os problemas que se apresentam preservando sua relação com os envolvidos.

Dizemos que um Instrutor Master lida bem com desafios, ou seja, demonstra a competência "Gerir Desafios" quando ao observarmos sua atuação identificamos a presença dos comportamentos que evidenciam o que está descrito no conceito da competência. Vamos então investigar o porquê de cada comportamento a partir da perspectiva proposta.

Maneja respostas incorretas de forma a preservar a relação entre os participantes e o facilitador

Este comportamento está diretamente conectado com a importância da codificação da informação para futura recuperação nos processos psicológicos de aprendizagem. Vimos anteriormente que exercitar é fundamental tanto para a codificação quanto para a recuperação das informações no futuro. Parte do processo de facilitação durante a utilização de exercícios é o uso de perguntas para aumentar a oportunidade de aprendizagem e sabemos que aprendemos mais quando erramos.

Manejar respostas incorretas preservando a relação entre os participantes e o facilitador significa acolher a resposta incorreta, sem expor o participante, e corrigir a resposta por meio de *feedback* orientando da maneira correta. Ao fazer isso você também contribui para a manutenção do ambiente favorável de aprendizagem no qual as pessoas se sentem confortáveis de errar e aprender a partir do erro.

Uma resposta incorreta acontece quando você coloca em prática o princípio da "Ação", da andragogia, uma vez que ao gerar oportunidade para o adulto agir, executar, colocar em prática o que está aprendendo, é natural que aconteçam os erros que constituem uma oportunidade de aprendizado.

> DICAS para colocar este comportamento em prática

Ao receber uma resposta incorreta mantenha a sua expressão facial acolhedora e demonstre verbalmente que o erro é bem-vindo. Diga: "Entendo sua perspectiva, contudo a reposta correta é...". Você também pode convidar o grupo a participar e aproveitar para checar se mais alguém teve a mesma percepção e já corrigir o rumo do grupo como um todo e, neste caso, você pode dizer: "Vamos verificar se mais alguém chegou a essa mesma resposta...".

Evite começar a correção com palavras negativas, expressão de ironia ou risos. Demonstre sempre que a resposta errada é uma oportunidade para o aprendizado e fixação.

Lida com sucesso com os participantes difíceis

Este talvez seja um dos desafios que mais nos exige em termos de equilíbrio emocional, pois há vários tipos de participantes difíceis que podem surgir e cada um de nós tem um tipo específico que nos tira do sério. Por mais que todos estejam engajados e a experiência de aprendizagem seja relevante para todos sempre haverá pelo menos uma pessoa para desafiar você.

Assim como você desempenha diversos papéis em sua rotina, os seus aprendizes também. Isso significa que eles podem estar enfrentando momentos difíceis em seu trabalho, estudos e até mesmo dificuldades pessoais e com suas famílias. Somos seres humanos e é natural que em momentos desafiadores aconteçam mudanças comportamentais. A primeira atitude é pensar que **não é com você!** Coloque-se no lugar do outro e compreenda que algo pode estar acontecendo com essa pessoa para gerar essa atitude.

Nas dicas para expressar este comportamento listarei sugestões para os comportamentos que surgem com mais frequência.

> DICAS para colocar este comportamento em prática

CONVERSAS PARALELAS

Não presuma que as pessoas estão desrespeitando você, pode ser que as pessoas tenham alguma dúvida e não se sintam confortáveis para compartilhar. As conversas paralelas podem ser discussões sobre o tema. Procure se aproximar para saber do que se trata a conversa sempre que possível.

Para cessar uma conversa paralela uma boa ideia é mencionar o nome de uma das pessoas que está conversando de maneira positiva. Para isso você precisa se lembrar de uma boa contribuição que a pessoa tenha feito anteriormente e mencioná-la. Diga: "Exatamente como o Fred havia comentado...". Isso tende a chamar a atenção da pessoa sem constrangimento.

Uma outra maneira é convidar uma das pessoas a dar sua opinião acerca do assunto em andamento desde que você perceba que não haverá prejuízo em termos de exposição. Diga: "Fred, o que você acha da perspectiva que a Monica acabou de compartilhar?".

DESAFIAR O CONHECIMENTO DO INSTRUTOR

Este comportamento pode estar escondendo a necessidade de reconhecimento e valorização. Mantenha-se calmo e, se essa pessoa for um especialista no tema em questão convide-o para ajudá-lo. Afinal, não faz sentido desperdiçar um bom conhecimento. Tenha cuidado e seja habilidoso para controlar o tempo de participação para evitar que a pessoa monopolize a discussão.

Quando a pessoa estiver apenas desafiando o seu conhecimento faça uma pergunta pertinente para que a pessoa perceba que não conhece tudo, contudo, não a exponha. Embasar o que você está dizendo com as respectivas fontes, referências e casos de sucesso também é uma boa saída.

MONOPOLIZAR A DISCUSSÃO

Algumas pessoas são muito animadas e querem manifestar sua opinião todo o tempo. Outras ainda precisam "dar o seu depoimento" ou "fazer um gancho". O risco deste comportamento é o prejuízo na energia do grupo como um todo. Diga a essa pessoa que acha o seu ponto de vista interessante e que gostaria de abrir a discussão para o grupo e chame alguém, que já tenha se mostrado um aliado, pelo nome.

PARTICIPANTE QUIETO DEMAIS

Pode ser que esta pessoa seja tímida ou talvez não queira falar. Busque entender se a pessoa está engajada, fazendo anotações, mantendo contato visual e não aborreça a pessoa. Lembre-se que cada um tem um perfil de aprendizagem. Dê oportunidade para a pessoa participar em pequenos grupos ou pares para aumentar o seu grau de conforto.

UTILIZAÇÃO DE CELULAR PARA OUTRAS FINALIDADES

Quando isso acontece pode ser que uma demanda externa esteja pressionando esta pessoa. Em geral, o simples fato de você andar na direção dessa pessoa pode fazer com que ela pare. Se você notar que algo a incomoda procure um momento oportuno para deixar esta pessoa à vontade para sair e cuidar da situação em questão.

COMENTÁRIOS INAPROPRIADOS

As pessoas que fazem comentários inapropriados, em geral, não se dão conta de seu próprio comportamento. Você não pode expor ou humilhar a pessoa e precisa deixar claro para o grupo que este tipo de comportamento não será tolerado. Pergunte se foi isso mesmo que a pessoa quis dizer e assim você estará oferecendo uma oportunidade para a pessoa se retratar. Se foi um equívoco siga adiante. Se realmente o comentário é inapropriado a pessoa precisa saber que o que disse não está alinhado aos valores da organização. Se a pessoa insistir, convide-a para conversar fora da sala e, em última instância peça que se retire.

Responde às perguntas desafiadoras

As perguntas desafiadoras podem variar desde perguntas relacionadas ao tema que está sendo abordado até perguntas maliciosas. Quanto mais você estiver preparado menor a chance de você se deparar com uma pergunta que o desafie.

> **DICAS** para colocar este comportamento em prática

Se for uma pergunta maliciosa ela provavelmente se encaixa nos comentários inapropriados. Se este for o caso adote a conduta recomendada anteriormente.

Em alguns casos, o desafio diz respeito às suas opiniões. Quando isso acontecer, reconheça que a pergunta tem seu mérito e requer uma reflexão maior para que a resposta seja adequada. Você ainda pode perguntar como os outros participantes responderiam a esta pergunta e assim compartilhar com o grupo a sua visão.

Quando a pergunta desafiadora estiver sendo feita com o intuito de diminuir o seu conhecimento, cumprimente a pessoa pela pergunta e apresente estatísticas, dados e fatos que fundamentem sua posição.

Gere situações difíceis

Tais situações estão relacionadas a variáveis que fogem do seu controle mesmo quando você está muito bem preparado. Ainda que você tenha sido cuidadoso o suficiente para se antecipar aos imprevistos mais frequentes situações difíceis como um problema de saúde repentino com um participante ou o recebimento de uma notícia desagradável podem acontecer. Esteja preparado para lidar com isso.

DICAS para colocar este comportamento em prática

Frente a qualquer imprevisto o mais importante é você manter o equilíbrio e avaliar a situação. Caso seja necessário você se ausentar por alguns minutos ou até mesmo por um tempo prolongado a primeira coisa a fazer é manter a calma do grupo e dar instruções sobre o que devem fazer durante este período. Você é o líder da situação e deve avaliar o cenário e riscos envolvidos.

Em ocorrências que envolvam cuidados imediatos com a saúde de alguém entre em contato com o responsável pelo grupo e siga as diretrizes da empresa para a solução do problema. Prontifique-se para resolver e priorize as suas ações a partir daquilo que é mais importante.

Demonstra flexibilidade com eventos inesperados

Os eventos inesperados estão relacionados, na maioria das vezes, à infraestrutura e à logística. Equipamentos que não funcionam, pessoas que não chegam para abrir o espaço e até mesmo materiais que deveriam estar disponíveis e não estão.

    Esteja preparado para lidar com situações assim e tenha flexibilidade para adaptar atividades e até mesmo materiais sem prejuízo do objetivo de aprendizagem estabelecido para a intervenção.

DICAS para colocar este comportamento em prática

    Tenha sempre um plano "B" para a sua intervenção. Não baseie a sua experiência de aprendizagem em um PowerPoint que não possa ser substituído por folhas de papel e caneta. A energia elétrica pode não funcionar ou o equipamento pode simplesmente quebrar justo no momento de sua apresentação.

    Atividades vivenciais ao ar livre são ótimas! E a previsão do tempo ainda tem falhas mesmo nos dias de hoje. Se você programou atividades ao ar livre e essas são essenciais para a experiência providencie capas adequadas para a ocasião. Saiba que nem todas as pessoas gostam deste tipo de atividade e outras sequer estarão vestidas adequadamente para isso. Verifique se o convite especifica como as pessoas devem se vestir e planeje atividades que possam ser desempenhadas por aqueles que não puderem estar com os demais.

Medir o progresso da aprendizagem

Neste capítulo você vai conhecer estratégias para verificar se os objetivos de aprendizagem estabelecidos foram alcançados. É por meio do progresso de seus aprendizes que você certifica o seu sucesso.

Esta competência fecha o ciclo que teve início com o objetivo de aprendizagem. É momento de verificar se o objetivo estabelecido foi alcançado. Sabemos que o processo não se encerra por aqui, pois a aprendizagem acontece quando gera mudança de conduta de forma permanente, ou seja, quando os conhecimentos adquiridos e habilidades desenvolvidas são colocados em prática.

Você já deve ter participado de sessões de treinamento, aulas e palestras que, apesar de muito interessantes, até mesmo encantadoras, nunca entregaram a promessa feita em sua descrição. Quando isso acontece numa experiência de aprendizagem a mudança necessária não ocorre e os investimentos feitos são perdidos.

84 - instrutormaster

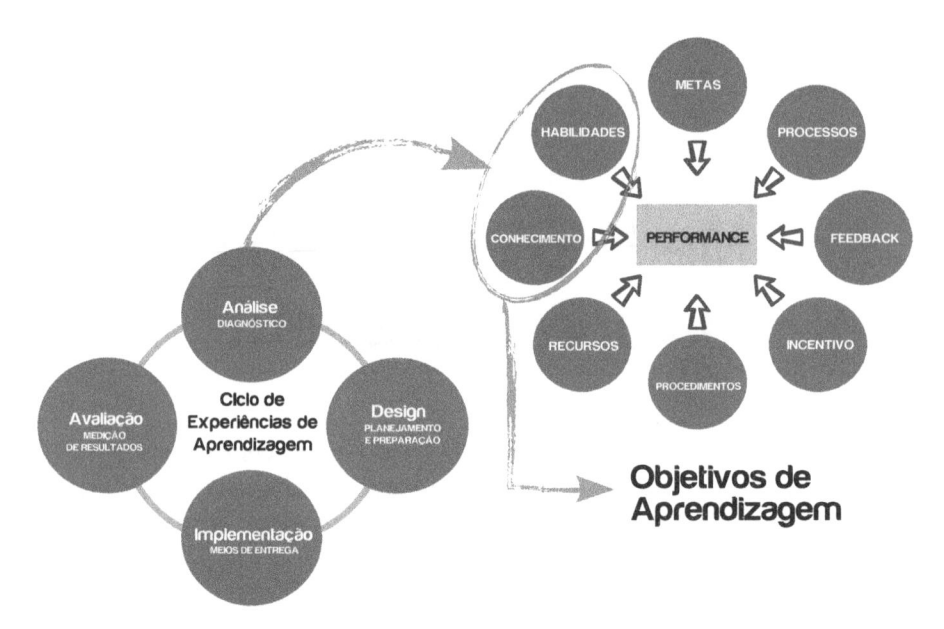

Figura 9 – Gaps de performance e objetivos de aprendizagem

Experiências de aprendizagem bem desenhadas utilizam metodologias adequadas para os conhecimentos a serem adquiridos e contribuem para o alcance dos objetivos estabelecidos.

Checar se estes objetivos específicos e relevantes para os aprendizes foram atingidos é garantir que a facilitação foi eficaz e o terreno está fértil para o processo de transferência para a prática.

Vamos retomar o conceito da competência e então explorar a relevância de cada comportamento observável a partir da perspectiva da aprendizagem de adultos.

MEDIR O PROGRESSO DA APRENDIZAGEM

Verifica a aprendizagem do grupo de acordo com os objetivos estabelecidos para a sessão de treinamento e responde adequadamente ao feedback que o grupo lhe oferece.

Dizemos que um Instrutor Master está preparado, ou seja, demonstra a competência "Medir o progresso da aprendizagem" quando ao observarmos sua atuação identificamos a presença dos comportamentos que evidenciam o que está descrito no conceito da competência. Vamos então investigar o porquê de cada comportamento a partir da perspectiva proposta.

Oferece tempo para as perguntas e respostas dos participantes

Quando apresentei anteriormente informações sobre o funcionamento da memória destaquei a importância de fazermos algo intencionalmente para favorecermos os processos de retenção e recuperação. Quando fazemos isso estamos conscientemente buscando reforçar as habilidades cognitivas de nossos aprendizes.

Você já deve ter notado que quando facilita uma atividade junto a um grupo, alguns deles parecem ser, por assim dizer, mais rápidos que outros na retenção dos conhecimentos apresentados. Um aprendizado eficiente é influenciado pela aptidão, pelo conhecimento anterior, pela motivação que o indivíduo tem para aprender e também pela metacognição[27]. A metacognição possibilita o conhecimento sobre quando e como utilizar estratégias específicas para aprender algo ou resolver um problema e apresenta em geral dois componentes. O primeiro deles é o conhecimento sobre a cognição e o segundo é a regulação da cognição.

Há habilidades metacognitivas que favorecem o aprendizado, ou seja, os indivíduos que apresentam essas habilidades têm mais facilidade para reter e recuperar os novos conhecimentos. Quando oferecemos tempo para as perguntas e respostas dos participantes exercitamos intencionalmente a conexão que é uma das habilidades[28] metacognitivas que favorece o aprendizado.

A conexão faz com que o aprendiz busque vincular os novos conhecimentos com aqueles que já possui e a possibilidade de perguntar ajuda na tentativa de compreender o que é novo e favorece a criação de analogias e lembretes significativos.

---

27   Meta, do grego, quer dizer acima de alguma coisa. Cognição significa compreensão, aprendizado. A metacognição trata o pensar sobre o pensar.
28   Richard Clark (1998) descreve as habilidades cognitivas.

As perguntas também possibilitam a identificação de necessidades específicas de cada um dos aprendizes a partir de suas experiências e modelos mentais. Ao investigarmos tais necessidades aumentamos também a nossa chance de responder às perguntas dos nossos participantes de maneira eficaz. Lembre-se: é momento de verificar se o objetivo de aprendizagem foi alcançado e para isso você precisa se certificar de que esclareceu as dúvidas existentes.

> DICAS para colocar este comportamento em prática

Muitas vezes a produtividade deste espaço é surpreendente, pois é justamente neste momento de uma experiência de aprendizagem que a troca entre os aprendizes e com você pode ser maior. Ainda assim pode acontecer de você reservar este espaço e as pessoas não fazerem perguntas voluntariamente. Para estas ocasiões você pode promover uma atividade em duplas ou em grupos e solicitar que os participantes apresentem uma pergunta relacionada ao tema que seja difícil de responder, uma que seja desafiadora e outra que traga como resposta um exemplo de aplicabilidade que seja de interesse do grupo.

O uso de aplicativos para interação com a audiência como o *Edupulses*, e o *Poll Everywhere* que possuem a opção de envio de perguntas de maneira anônima também funciona muito bem e elimina, na maioria das vezes, a inibição.

Você também pode introduzir elementos de jogos como a competição pela criação do maior número de perguntas relevantes.

Verifica o entendimento por meio da utilização de uma variedade de perguntas e não apenas um tipo

Verificar o entendimento por meio de perguntas variadas permite ao IM identificar dúvidas que seus aprendizes sequer tinham percebido. Quando entramos no modo "piloto automático" e perguntamos se está claro ou se as pessoas nos entenderam estamos perguntando algo que na verdade não tem significado e promove o silêncio. Quando o instrutor supõe que tudo está claro, nas entrelinhas ele está dizendo que, além do assunto ser simples, ele explicou muito bem. Nessas circunstâncias quem ousaria discordar, não é mesmo?

Para evitar situações como estas que podem impactar negativamente a eliminação dos gaps existentes precisamos aprimorar nossa habilidade para utilizar perguntas.

Quando apresentei o uso de perguntas para aumentar a oportunidade de aprendizado, destaquei que as perguntas podem ser utilizadas em circunstâncias diferentes com objetivos distintos. Agora vamos explorar como o uso de perguntas pode ajudar você a verificar o progresso de aprendizagem considerando o nível de maestria que você estabeleceu em seu objetivo.

Da mesma maneira que a taxonomia de Bloom nos apoia para a construção dos objetivos de aprendizagem, pois nos ajuda a selecionar o verbo de acordo com a maestria que esperamos de determinada ação, ela também é um excelente direcionador para a criação de perguntas que nos permitem verificar o entendimento.

Na Figura 6 você encontra a taxonomia de Bloom revisada e o quadro a seguir apresenta sugestões de perguntas relacionadas a cada um dos níveis cognitivos. Recorra a ele para ampliar o seu repertório de perguntas e variar constantemente o tipo de questionamentos que você utiliza em suas facilitações.

Dimensão	Verbos úteis	Exemplo de perguntas
RECORDAR	• Listar • Localizar • Nomear • Reconhecer • Declarar • Lembrar • Repetir • Recuperar	• O que aconteceu depois...? • Quantos ...? • Quem foi que...? • Você pode nomear o...? • Descreva o que aconteceu no(a)...? • Quem falou para...? • Você pode dizer por que...? • Qual é o significado de...? • O que é...? • Qual é verdadeira ou falsa...?

Dimensão	Verbos úteis	Exemplo de perguntas
ENTENDER	• Concluir • Ilustrar • Prever • Identificar • Parafrasear • Resumir • Categorizar • Classificar • Discutir • Relacionar • Ordenar • Comparar • Contrastar • Explicar	• Você pode escrever com suas próprias palavras...? • Você pode resumir rapidamente...? • O que você acha que pode acontecer depois...? • O que você acha que...? • Qual foi a ideia central...? • Quem era o personagem central...? • Você pode distinguir entre...? • Quais são as diferenças entre...? • Você pode dar um exemplo sobre o que você entende por...? • Você pode definir...?
APLICAR	• Executar • Implementar • Utilizar • Construir • Mostrar • Usar	• Você conhece outra situação na qual...? • Isso poderia ter acontecido em...? • Você pode agrupar por características como...? • Que fatores você mudaria se...? • Você pode aplicar o método utilizado a alguma experiência sua...? • Que perguntas você faria sobre...? • A partir da informação fornecida, você pode desenvolver um conjunto de instruções sobre...? • Esta informação seria útil se você tivesse...?

Medir o progresso da aprendizagem - 89

Dimensão	Verbos úteis	Exemplo de perguntas
ANALISAR	• Diferenciar • Organizar • Comparar • Separar • Selecionar • Esboçar	• Que eventos poderiam ter acontecido...? • Se... acontecesse, qual seria o resultado? • Que semelhanças isso teve com...? • Qual foi o tema subjacente de...? • Que outros resultados você acredita serem possíveis...? • Qual a razão de... ter mudado? • Você pode comparar o seu... com o que foi apresentado em...? • Você pode explicar o que deve ocorrer quando...? • Como... é parecido com...? • Aponte alguns problemas do...? • Você pode distinguir entre...? • Que motivos ocasionaram...? • Qual foi o momento de virada do jogo? • Qual foi o problema com...?
AVALIAR	• Julgar • Criticar • Justificar • Recomendar	• Há alguma solução melhor que...? • No seu julgamento qual...? • Você pode defender sua posição sobre...? • Você pensa que... é uma coisa boa ou ruim? • Como você teria resolvido...? • Que alterações você recomenda...? • Você acredita que...? • Você é uma pessoa...? • Como você se sentiria se...? • Quão efetivo é...? • O que você pensa sobre...?

Dimensão	Verbos úteis	Exemplo de perguntas
CRIAR	• Gerar • Planejar • Produzir • Inventar • Compor • Desenhar • Desenvolver	• Você pode desenhar uma... para...? • Que tal compor uma música sobre...? • Você pode encontrar uma solução para...? • Se você tivesse todos os recursos como você resolveria...? • Crie seu próprio jeito de lidar com...? • O que aconteceria se...? • De quantas maneiras você pode...? • Você pode criar usos novos e inusitados para...? • Você pode criar uma nova receita para um prato saboroso?

DICAS para colocar este comportamento em prática

Antes de facilitar uma experiência de aprendizagem revise o objetivo geral e também os objetivos específicos de cada atividade e faça uma lista de perguntas que podem ajudar você a verificar o progresso dos seus aprendizes nos diferentes momentos da experiência. Escreva as perguntas em um cartão, no seu celular ou tablet e deixe-as por perto.

Pratique o uso de perguntas em situações do seu dia a dia e desafie você mesmo a criar perguntas para as situações mais corriqueiras como, por exemplo, perguntar sobre um cardápio em um restaurante.

Faça uma tabela como esta para incluir em seus materiais de facilitação. Enquanto os participantes executam as atividades, observe-os e a partir do que eles estiverem demonstrando de comportamentos e aprendizados selecione as perguntas que podem ajudar você a verificar o progresso do grupo quanto ao objetivo estabelecido.

Oferece oportunidade de *debriefing* apropriado aos exercícios

Embora este comportamento esteja atrelado a esta competência é no momento de *debriefing* de atividades que ele mais se manifesta quando você facilita atividades corretamente. Se você já atua como palestrante ou começou sua carreira como instrutor por ter demonstrado muito conhecimento técnico, habilidades de comunicação e carisma talvez este seja um dos maiores desafios em sua transição para se tornar um Instrutor Master.

No mundo corporativo a necessidade de multiplicação e gestão do conhecimento levam muitos de nós a assumir a responsabilidade de ensinar outras pessoas a fazerem o seu trabalho independentemente de nossa formação. Somos engenheiros, administradores, psicólogos, enfermeiros e advogados, apenas para mencionar algumas de nossas profissões de origem, e vamos nos apaixonando por esta gratificante função que nos presenteia com a oportunidade de deixarmos um legado. Temos brilho nos olhos e somos verdadeiramente apaixonados pelo que fazemos e é justamente isso que representa a maior armadilha que é transformar nossos treinamentos em grandes sessões informativas. Deixar de informar e passar a facilitar é um exercício constante.

Quando você coloca este comportamento em prática está também colocando em prática os princípios de aprendizagem de adultos uma vez que está aproveitando a experiência dos aprendizes e dando autonomia para que eles aprendam como for melhor para eles. A execução da atividade em si exercitou o princípio da ação.

DICAS para colocar este comportamento em prática

Ao planejar uma experiência de aprendizagem reserve de 35 a 50% do seu tempo total para exercícios, ou seja, para a facilitação de atividades. Este tempo deve incluir a explicação e verificação do entendimento da atividade e seus objetivos, a entrega dos recursos, a execução e o debriefing. Lembre-se que, como vimos anteriormente, é no debriefing que você facilita as conexões com a realidade dos aprendizes, além de promover a codificação e verificação do aprendizado.

Confie nos participantes de sua intervenção, eles são capazes de coisas brilhantes que você nunca sequer imaginou e você aprenderá muito com eles. Evite querer explicar muito para garantir que eles compreendam, pois a necessidade de explicar demais é sua e não deles.

Mantenha a atenção nos aprendizados que o grupo vai trazendo para você e acrescente apenas o que é essencial para possibilitar as conexões importantes. Agradeça a contribuição, acrescente o que for necessário (se houver necessidade, evite ser prolixo) e apresente uma outra pergunta utilizando a taxonomia de Bloom na sua construção.

Revisite a competência "Facilitar o aprendizado" e conecte o que aprendeu lá com este comportamento e você verá como tudo faz sentido.

Responde ao *feedback* dos participantes de forma apropriada

Quando você está na posição de Instrutor Master, está conduzindo um grande diálogo com vários interlocutores. Isso exige muito de você em termos de energia e atenção plena. Você teve ter reparado que utilizei esta expressão muitas vezes e, embora ela não esteja descrita como um comportamento observável específico, ela é prerrequisito para muitos dos comportamentos deste modelo de competências.

Responder de forma adequada ao *feedback* dos participantes é acolhê-lo, investigar sua origem quando não estiver claro para você e resolver a situação. Nesta competência este comportamento contribui para medir o progresso de aprendizagem na medida em que o *feedback* pode demonstrar uma necessidade, por exemplo, de esclarecimento de dúvida ou aprofundamento de um assunto.

Quando a situação apresentada é também um comportamento disruptivo ou uma situação inesperada e árdua pode ser que você esteja gerindo um comportamento difícil enquanto responde adequadamente ao *feedback*. Estar atento permitirá a você perceber os sinais verbais e não verbais que os participantes oferecem como *feedback* sobre o que está acontecendo a cada momento.

> **DICAS** para colocar este comportamento em prática

Quando perceber expressões faciais que demonstram dúvida como a testa franzida, lábios apertados ou até mesmo balançar de cabeças experimente dizer: "talvez eu não tenha deixado muito claro, permitam-me dizer isso de outra maneira" e explique de outra maneira observando se as expressões se dissiparam.

Ao receber verbalmente uma negativa, ou discordância, diga que entende o que está sendo dito e faça perguntas para compreender a origem da opinião para que você possa contornar a situação efetivamente.

Encolhimento e fricção nos braços pode demonstrar desconforto com a temperatura e necessidades básicas a serem satisfeitas, que impedem a atenção e o raciocínio. O ar-condicionado é sempre um desafio, pois não há unanimidade quando o assunto é a temperatura. Quando você perceber o desconforto investigue com o grupo como está a percepção deles quanto à temperatura e procure ir alternando para que todos fiquem o mais confortáveis possível.

Pessoas entrando e saindo da sala para ir ao toalete pode ser um sinal de que você precisa fazer uma pausa. Embora seja necessário por questões logísticas que você fixe o horário das pausas, eu recomendo que você programe pequenas pausas intermediárias. Isso favorece não só a satisfação das necessidades básicas, mas também permite a variação entre o modo focado e difuso de pensamento, o que pode ser gerador de novas conexões neuronais[29].

Se você perceber que a energia do grupo teve uma queda pelos sinais não verbais, procure alternar o tipo de atividades que você está propondo. Proponha algo que faça com que o grupo se movimente, interaja mais ou até mesmo tenha que competir.

---

29 Para saber mais leia: OAKLEY, Barbara. **Aprendendo a aprender**. São Paulo: Infopress, 2015; ou faça o curso de mesmo título em: <https://pt.coursera.org/learn/aprender>

Avalia de acordo com os objetivos de aprendizagem o sucesso dos participantes nas atividades

Quando buscamos um objetivo é importante termos clareza de que o alcançamos. Saber que aquilo que foi nos foi prometido em termos de aprendizagem foi entregue gera credibilidade e sensação de progresso. Esta sensação de progresso contribui para a manutenção da atenção e favorece o primeiro princípio de aprendizagem de adultos que é o princípio da disposição. O processo de verificação de aprendizagem a partir de um objetivo também fecha um módulo[30] e prepara o terreno para a introdução de um novo conhecimento proporcionando uma transição leve entre um assunto e outro.

Esta transição leve faz o papel de conectar o novo conhecimento a modelos mentais já existentes, o que é fundamental para a gerência da área cognitiva e codificação que favorece o armazenamento na memória de longo prazo.

Além disso, verificar o sucesso dos participantes de acordo com o objetivo de aprendizagem estabelecido é tão importante para o aprendiz quanto para você. Lembre-se: o sucesso deles é o seu sucesso. Reserve sempre algum tempo para este momento, pois pode ser que ao retomar o objetivo de aprendizagem para checar o progresso você descubra que é necessário reforçar alguns pontos ou até mesmo explicar de uma maneira diferente.

DICAS para colocar este comportamento em prática

Prepare um pequeno *checklist* com ações específicas relacionadas ao objetivo de aprendizagem e peça que os participantes façam uma autoavaliação indicando as ações que se sentem capacitados para realizar e solicite que deem um exemplo de cada ação.

---

30 Módulo é um espaço de tempo delimitado no qual você trabalha um conteúdo ou conhecimento. Um módulo deve ser construído de maneira a proporcionar um ciclo completo em termos de processos psicológicos de aprendizagem.

Utilize um aplicativo como o Edupulses[31] para gerar interação de modo a verificar o aprendizado de acordo com os objetivos estabelecidos. Dependendo do perfil do grupo, acrescente elementos competitivos.

Utilize um jogo de aprendizagem que permita aos participantes avançar de fase apenas se realizarem ações conectadas ao objetivo de aprendizagem proposto. Este jogo pode ser um jogo de tabuleiro, de cartas, de imagens ou ainda um jogo montado em um recurso simples como o PowerPoint.

Retorne aos objetivos de aprendizagem utilizando explanação dialogada e recursos audiovisuais para investigar junto com os participantes os principais avanços do grupo a partir da proposta inicial.

---

31 Para saber mais acesse: <http://edupulses.io>

Parte III

Introdução à parte III

A parte III deste livro aborda um dos aspectos mais relevantes para o sucesso na multiplicação de conhecimentos e gestão do conhecimento nas organizações: a avaliação dos instrutores.

Experiências de aprendizagem não são o fim, muito pelo contrário, elas são o meio para se atingir a melhoria da performance que se espera das pessoas para impactar positivamente os objetivos organizacionais.

O desenvolvimento das competências das pessoas demanda de nós, IMs, a habilidade de liderar os aprendizes na direção adequada para o alcance dos resultados. Nós, instrutores, fazemos parte disso, também somos aprendizes e precisamos nos desenvolver para que sejamos capazes de multiplicar nosso conhecimento de maneira efetiva permitindo que outras pessoas realizem o seu trabalho e entreguem a performance esperada deles a partir dos aprendizados obtidos conosco.

Quando criei a metodologia Trahentem®[32] para o design de aprendizagem com uso de canvas[33], sabia da dificuldade existente para se descrever a performance esperada das pessoas e um dos maiores benefícios do uso do Trahentem® consiste no exercício colaborativo e constante para se chegar a esta performance. O modelo IM é a ma-

---
32   Para saber mais acesse: <https://canvastrahentem.com>
33   Canvas é uma palavra inglesa, que deriva do latim, que significa tela. Esta tela em branco permite a disposição de ideias de forma estruturada. Os modelos de canvas nos permitem compartilhar a visão sobre um determinado assunto. Nas artes a palavra canvas é utilizada para denominar o suporte sobre o qual um pintor compartilha sua obra.

terialização da performance esperada de um instrutor, pois ele torna compreensível o que um instrutor precisa fazer para ajudar alguém a aprender, ou seja, para facilitar o aprendizado do outro.

O modelo de competências do Instrutor Master possibilita às organizações a identificação, seleção e desenvolvimento de uma equipe capaz de multiplicar o conhecimento e gerir o conhecimento das organizações. A parte III deste livro apresenta o *checklist* de competências do IM que pode ser utilizado para avaliar os seus multiplicadores internos e também direcionar ações de desenvolvimento para eles.

Para o mercado de trabalho como um todo, os instrutores que possuem a certificação IM fizeram o curso comigo e demonstraram no mínimo 80% dos comportamentos observáveis que você conheceu neste livro recebendo a certificação da SG e também da ABTD. Isso significa que estes instrutores atuam com foco em quem aprende e no desempenho dessas pessoas. Eles aprenderam sobre aprendizagem de adultos, processos psicológicos de aprendizagem e sobre performance.

Quando criei este programa e o submeti à avaliação da ABTD, meu objetivo foi contribuir com o desenvolvimento dos profissionais de T&D de modo a impactar positivamente a percepção que o mercado tem sobre o valor do trabalho dessas pessoas. Meu propósito é deixar um legado a fim de contribuir com o desenvolvimento das organizações por meio dos seres humanos que se propõem a desenvolver outros seres humanos.

O grande desafio é mudar o modelo mental existente quando o tema é o processo de avaliação. As lembranças que temos sobre avaliação e provas nem sempre são as melhores. Grande parte disso se deve às nossas experiências no passado e eu convido você a deletar todas as experiências ruins e embarcar comigo na ideia de que a avaliação é um processo construtivo por meio do qual temos a oportunidade de conhecer tudo aquilo que já fazemos e é maravilhoso.

Quantas vezes nosso trabalho impacta positivamente a vida de outras pessoas e perdemos a oportunidade de saber disso simplesmente por não termos tido a oportunidade de receber este *feedback*? Eu sei, as pessoas o elogiam, dizem que seu trabalho foi show, mas quantas delas dizem exatamente o que você fez para despertar esta percepção?

Outras vezes você se depara com uma avaliação de reação ruim e não tem ideia do que pode ter feito para receber este comentário. Terá sido o seu tom de voz? A falta de especificidade do que você se propôs a ensinar? Quem sabe foi o fato de você ter corrido no final sem dar a oportunidade para que as pessoas esclarecessem as suas dúvidas?

Queremos melhorar sempre e seria tão bom se soubéssemos exatamente o que precisamos incluir em nossa atuação para facilitar ainda mais o aprendizado das pessoas que investem seu tempo conosco, não é mesmo?

Um bom processo de avaliação é baseado naquilo que se espera do desempenho de alguém e nas evidências de que este desempenho está acontecendo. Sendo o modelo de competências do IM um modelo baseado em um conjunto de competências, seu respectivo conceito e nos comportamentos observáveis que as evidenciam, este é um modelo que você pode adotar para contratar, avaliar e desenvolver os instrutores, multiplicadores, facilitadores e professores de sua empresa, universidade corporativa, instituição ou escola.

Selecionando, avaliando e desenvolvendo profissionais de educação de maneira efetiva

Todos temos nossas preferências pessoais quanto a estilos e isso não constitui um problema desde que você concilie sua preferência com as competências essenciais quando o assunto é aprendizagem. Os profissionais que atuam com aprendizagem, seja ela corporativa ou acadêmica, precisam estar atentos para que seu foco esteja em quem aprende e não em si mesmos. Ajudar o outro a aprender significa saber **o que o outro precisa desempenhar enquanto performance** e, a partir de seu repertório, **selecionar os conhecimentos essenciais para o outro transformando-os em verdadeiras experiências de aprendizagem** que facilitem a retenção e recuperação do conhecimento no momento em que o outro precise aplicar o que aprendeu.

Para ajudar o outro a aprender é preciso preparar-se, criar um bom ambiente de aprendizagem, facilitar o aprendizado, gerir desafios e checar o progresso de aprendizagem. Por esta razão essas são as competências que você deve buscar quando contrata instrutores, seleciona parceiros para multiplicar seu conhecimento ou quando procura desenvolver esses profissionais para fazerem seu trabalho de uma maneira ainda mais efetiva.

Dizer para essas pessoas o que espera delas e o que vai observar para saber se estão desempenhando bem o seu trabalho é fundamental. A missão do Instrutor Master desdobrada em competências e comportamentos observáveis ajuda você nesta tarefa.

Ao adotar este modelo você ganha a oportunidade de escolher melhor as pessoas que vão desempenhar esta função e também de desenvolver aqueles que já fazem isso muitas vezes de forma intuitiva e que podem se tornar brilhantes se tiverem mais consciência do que precisam fazer intencionalmente para contribuir com o aprendizado do outro.

Utilize este modelo para selecionar e desenvolver os seus instrutores, multiplicadores internos e *business partners*. Para que você possa fazer isso, compartilharei a seguir o modelo de *checklist* de competências que utilizamos em nossa formação na SG e que está baseado nos comportamentos observáveis que explorei com você anteriormente.

Este modelo foi adaptado do livro Training for Dummies de Elaine Biech e tem o objetivo de ajudar você a avaliar e desenvolver os instrutores. Utilize este *checklist* para observar a atuação de seus profissionais e também para decidir que competências eles precisam desenvolver ainda mais.

Este *checklist* está estruturado por competências e respectivos comportamentos observáveis atrelados a cada uma delas. Consideramos um IM competente quando ele demonstra pelo menos 20 dos 25 comportamentos observáveis durante o processo de facilitação de uma experiência de aprendizagem independentemente dela durar 10 minutos[34] mais.

Ao observar a atuação deste profissional você deve marcar um comportamento quando ele aparecer e anotar comentários, ideias e sugestões positivas assim como indicar sugestões de melhorias a serem implementadas. O modelo a seguir apresenta este formato.

---

34 A duração de uma experiência de aprendizagem varia. Contudo, o IM deve demonstrar essas competências cada vez que percorre um ciclo de processos psicológicos de aprendizagem para trabalhar um novo conhecimento apresentado.

Checklist para avaliação de competências do IM[35]

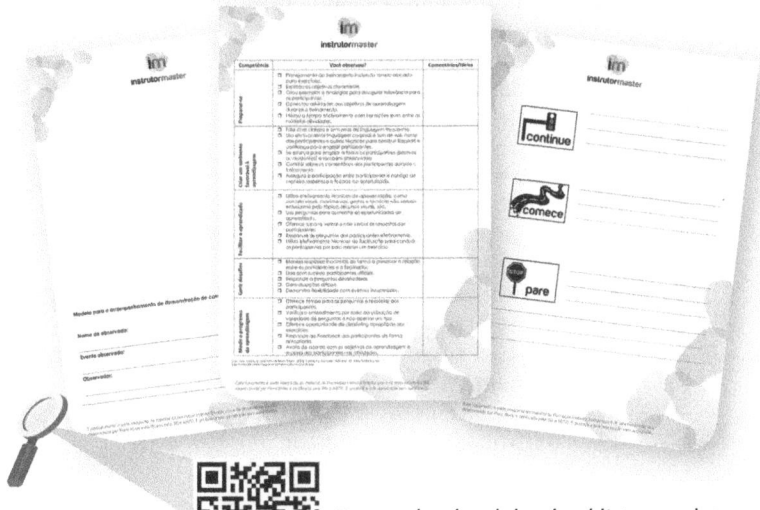

Faça o dowload do checklist completo:
amostras.dvseditora.com.br/im/checklist.pdf

Competência	Você observou?	Comentários / Ideias
PREPARAR-SE	❏ Planeja o treinamento incluindo tempo alocado para exercícios. ❏ Explica os objetivos claramente. ❏ Cria exemplos e analogias para assegurar relevância para os participantes. ❏ Conecta atividades aos objetivos de aprendizagem durante o treinamento. ❏ Utiliza o tempo efetivamente com transições leves entre as múltiplas atividades.	

---

35 Este modelo é adaptado de Biech (2005). Este material é parte integrante da Formação Instrutor Master.

Competência	Você observou?	Comentários / Ideias
CRIAR UM AMBIENTE FAVORÁVEL À APRENDIZAGEM	❏ Fala com clareza e sem erros de linguagem frequentes. ❏ Usa efetivamente linguagem corporal e tom de voz, nome dos participantes e outras técnicas para construir *rapport* e confiança para engajar participantes. ❏ Esforça-se para engajar a todos os participantes (passivos ou resistentes) e também *stakeholders*. ❏ Constrói sobre os comentários dos participantes durante o treinamento. ❏ Assegura a participação entre participantes e consigo de maneira respeitosa e focada no aprendizado.	
FACILITAR O APRENDIZADO	❏ Utiliza efetivamente técnicas de apresentação, como contato visual, movimentos, gestos e técnicas não verbais, entusiasmo pelo tópico, recursos visuais, etc. ❏ Usa perguntas para aumentar as oportunidades de aprendizado. ❏ Oferece suporte verbal e não verbal às respostas dos participantes. ❏ Responde às perguntas dos participantes efetivamente. ❏ Utiliza de fato técnicas de facilitação para conduzir os participantes por pelo menos um exercício.	

Competência	Você observou?	Comentários / Ideias
GERIR DESAFIOS	❏ Maneja respostas incorretas de forma a preservar a relação entre os participantes e o facilitador. ❏ Lida com sucesso com os participantes difíceis. ❏ Responde às perguntas desafiadoras. ❏ Gere situações difíceis. ❏ Demonstra flexibilidade com eventos inesperados.	
MEDIR O PROGRESSO DE APRENDIZAGEM	❏ Oferece tempo para as perguntas e respostas dos participantes. ❏ Verifica o entendimento por meio da utilização de uma variedade de perguntas e não apenas um tipo. ❏ Oferece oportunidade de *debriefing* apropriado aos exercícios. ❏ Responde ao *feedback* dos participantes de forma apropriada. ❏ Avalia de acordo com os objetivos de aprendizagem o sucesso dos participantes nas atividades.	

O *checklist* é utilizado, na formação IM, para o processo de certificação e deve ser instrumento para avaliação constante acompanhada de *feedback*. Você deve utilizar o *checklist* para registar os comportamentos demonstrados durante a facilitação de uma experiência de aprendizagem e registrar no campo comentários/ideias as ações e os aspectos positivos que observou, bem como pontos de melhoria e sugestões. Ao término do processo de observação peça licença ao instrutor para oferecer *feedback* a ele com o objetivo de contribuir com o seu desenvolvimento.

O *feedback* deve ser sempre oferecido com base nos comportamentos observáveis, ou seja, nas evidências de comportamento que atestam a competência. Para evitar que este processo seja prolixo nós utilizamos o modelo "Continue, comece e pare" para sinalizar que comportamentos foram tão bem demonstrados que merecem permanecer na atuação do IM, que comportamentos devem ser incluídos para que a performance seja ainda melhor e quais são aqueles que devem cessar por não contribuírem com o aprendizado e até mesmo por desviar a atenção do aprendiz.

Em minha empresa, a SG, nossa prática profissional cotidiana inclui a autoavaliação com base no *checklist* e também o acompanhamento e *feedback* dos facilitadores em campo. Este processo nos permite a melhoria contínua de nossa equipe e também de nossas experiências de aprendizagem.

A partir da implementação deste modelo você pode, em sua organização, utilizar este processo para identificar necessidades de cada IM, direcionando, assim, as suas ações de desenvolvimento. Imagine que ao conduzir o processo de avaliação você perceba que o ponto de melhoria mais importante do grupo está na competência "Facilitar o aprendizado", esta informação permite a você trabalhar os comportamentos específicos desta competência com o seu grupo. As ações de desenvolvimento, que podem variar desde o *feedback* até a indicação de cursos complementares e formações nacionais e internacionais, passam a ser muito mais assertivas.

Parte IV

Introdução à parte IV

A parte IV deste livro aborda aspectos importantes sobre aprendizagem e também sobre a contribuição que um Instrutor Master pode oferecer a uma organização. Ser um IM é muito mais que ser um multiplicador, é ser um guardião dos conhecimentos e da memória organizacional.

Sabemos que, ainda que intuitivamente, muitos dos comportamentos deste modelo já são demonstrados por pessoas que atuam como facilitadores, palestrantes e professores com resultados muito bons. Reproduzimos comportamentos que percebemos como positivos a partir de nossas próprias experiências e evitamos aqueles que nos parecem desagradáveis. Implementar o modelo IM é subir o patamar de sua atuação de modo a fazer consciente e intencionalmente tudo o que é necessário para ajudar o outro a aprender.

Os principais desafios da implementação deste modelo estão relacionados a mudança de modelo mental necessária para que o protagonismo do aprendizado seja do aprendiz e não de quem facilita este processo. Muitas das aulas pelas quais passamos, note que tenho evitado utilizar este termo, foram e ainda são baseadas em conteúdo e não em experiências significativas. Este modelo desafia você a abrir mão das luzes que iluminavam seu palco direcionando-as para aquele que aprende com você.

Este modelo muda a maneira como você precisa se preparar para atuar, pois ainda que você utilize recursos audiovisuais bem elaborados eles serão apoio importante que deve dar suporte ao seu objetivo de aprendizagem. Por mais que você ensaie a sua atuação, e isso é essencial, grande parte de seu sucesso virá da sua capacidade de estimular os participantes para que se engajem, contribuam e construam o seu próprio conhecimento e também da maneira como você contribui a partir do que o grupo apresenta para você.

A sua sede de aprender dever ser ainda maior que a sua sede por ensinar. Busque novas metodologias de aprendizagem, investigue novos caminhos, seja ágil e principalmente coloque em prática, como sugeri anteriormente, o grande ensinamento de Carl Jung[36]: "Conheça todas as teorias, domine todas as técnicas, mas ao tocar uma alma humana, seja apenas outra alma humana."

---

[36] Carl Gustav Jung foi um psiquiatra e psicoterapeuta suíço que fundou a psicologia analítica.

A estrutura de sua experiência de aprendizagem

Embora a atuação do IM esteja focada na implementação de experiências de aprendizagem, o seu trabalho é fruto de um bom desenho instrucional, ou como prefiro dizer, um bom desenho de aprendizagem. Você não precisa ser um designer instrucional se tiver outra pessoa fazendo este trabalho, mas ainda assim você precisa ter conhecimento sobre este assunto, pois pode ser que você precise fazer adaptações.

Um bom design de aprendizagem resulta na expressão quase natural dos comportamentos observáveis do Instrutor Master, pois tanto o Design como o modelo de competências do IM estão fundamentados na aprendizagem de adultos e no funcionamento de nossa memória. Ter conhecimento sobre este assunto também vai ajudar você a preparar sua própria apresentação e outros materiais quando isso for necessário.

Situando os saberes

Escolhi para este livro uma estrutura que permitisse facilitar a conexão entre os comportamentos do modelo de competências do Instrutor Master e os aspectos da aprendizagem de adultos que os justificam, pois noto em nossas certificações que existe uma grande dificuldade para esta compreensão, uma vez que não estamos habituados a pensar desta maneira. Por esta razão fui introduzindo gradativamente tanto os conceitos quanto o ciclo das experiências de aprendizagem.

Agora que estamos chegando ao fim desta obra, quero deixar para você uma imagem que resume os processos envolvidos no desenho, facilitação e medição de resultados de uma experiência de aprendizagem para que você tenha em um único mapa as informações necessárias para o desenvolvimento de sua carreira.

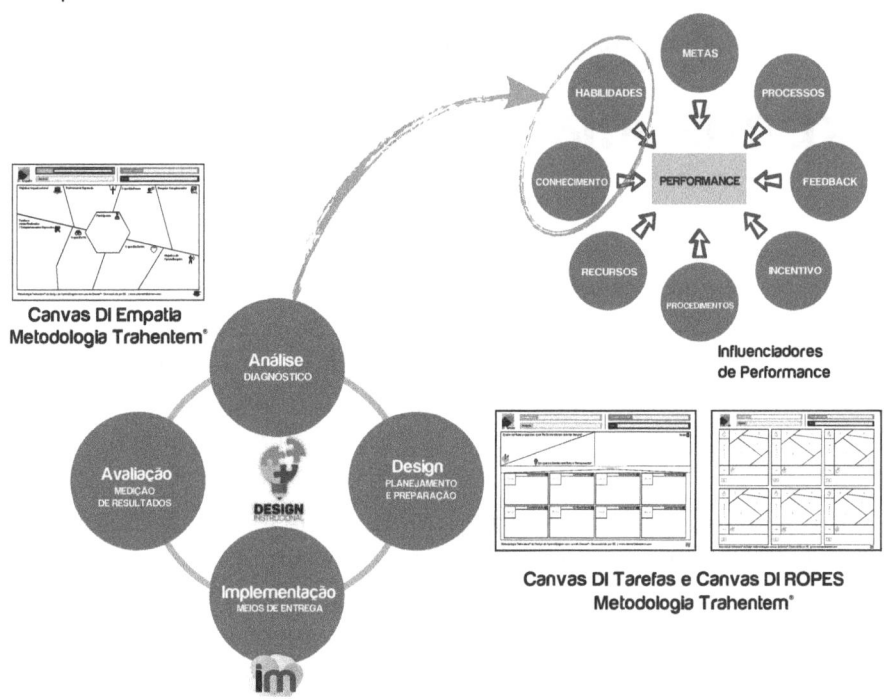

Figura 10 – O ciclo de experiências de aprendizagem e as funções envolvidas neste processo

Na Figura 10 você encontra um resumo que traduz em uma única figura tudo o que precisa ser feito para que a aprendizagem aconteça nas organizações. O ciclo de experiências de aprendizagem, ou ciclo de soluções de aprendizagem apresenta quatro fases fundamentais para a construção de experiências para a eliminação de gaps de performance.

Para realizar essas etapas você deve utilizar o sistema de design instrucional (ISD[37]) de sua preferência. O mais clássico é o ADDIE[38] que significa análise, design, desenvolvimento, implementação e avaliação. O mais utilizado atualmente é o 6Ds, ou 6 Disciplinas, que significa determinar, desenhar, direcionar, definir, dar apoio e documentar. Há vários outros sistemas para guiar o processo de criação de experiências de aprendizagem.

A metodologia Trahentem® para o design de aprendizagem com uso de canvas não é um sistema de design instrucional. Ela é uma ferramenta que acelera o processo e garante que a teoria seja colocada em prática e que pode ser utilizada com qualquer um dos sistemas de design instrucional. Imagine que o 6Ds, por exemplo, seja **o que você deve fazer** enquanto o Trahentem® é **como você faz o que precisa ser feito.**

A jornada representada pelo ciclo envolve expertises diversificados e a execução de cada etapa pode ser feita por um único profissional ou não. Tudo começa pela análise que deve incluir a empresa, a performance esperada e as pessoas que atuam a fim de se identificar possíveis gaps de performance. Na Figura 10 este processo está representado pelo Canvas DI-Empatia que proporciona a colaboração entre os *stakeholders* para esta identificação.

Quando o gap de performance existente é proveniente da falta de conhecimentos ou habilidades para desempenhar recomenda-se soluções que envolvem aprendizagem. Os influenciadores de performance aparecem na figura com destaque para conhecimentos e habilidades que são os únicos influenciadores de performance que podem gerar a necessidade de treinamentos.

Uma vez identificada a necessidade real de capacitar as pessoas por meio de aprendizagem têm início os processos de design e desenvolvimento representados na Figura 10 pelos Canvas DI-Tarefas e Canvas DI-Ropes, que são utilizados para a seleção dos conteúdos e criação da experiência.

---

37 *Instructional System Design.*
38 ***Analysis, Design, Development, Implementation, Evaluation.***

Embora todo este processo seja realizado, muitas vezes, pelo Designer Instrucional, que deverá inclusive preparar o guia do instrutor, esta etapa é crucial para a estrutura da apresentação que irá facilitar ou não a expressão das competências por parte do IM no momento da implementação que é a etapa seguinte. Por esta razão, conhecer sobre este processo é fundamental para quem vai facilitar a experiência para que você possa promover ajustes que possam ser necessários. Também é no processo de design da experiência que são definidas as ações posteriores e os instrumentos de medição de resultado.

Com uma boa estrutura em mãos começa o preparo do IM para a implementação da solução que consiste no processo de facilitação abordado neste livro. No cenário atual é cada vez mais frequente que o instrutor faça parte também do processo de suporte à performance com ações posteriores à implementação. Este suporte à performance tem o objetivo de assegurar a transferência do que foi aprendido para a prática.

A formação Instrutor Master está desenhada para aqueles que vão atuar como instrutores e que eventualmente terão que criar suas próprias experiências. Por esta razão ela instrumentaliza o profissional para a criação desta estrutura, mas não se aprofunda em design de aprendizagem, e sim na prática da facilitação e consolidação das competências.

Se você quer também se tornar um especialista no design de experiências de aprendizagem você tem dois caminhos a escolher. Você pode aprender a fazer o design de maneira prática utilizando a metodologia Trahentem® (como fazer) ou pode fazer uma formação em Design Instrucional para aprender tudo sobre o que deve ser feito.

Independentemente do caminho que você escolher seja um eterno aprendiz, busque o seu aprimoramento constante e siga impactando positivamente a vida das pessoas por meio da facilitação do processo de aprendizagem.

Escolhendo atividades

Escolher atividades parece ser um grande desafio. Principalmente quando estamos acostumados a palestrar ou conduzir sessões informativas. Por esta razão escolhi terminar esta obra inserindo aqui a ta-

A estrutura de sua experiência de aprendizagem - 117

bela de atividades que também está no meu livro Design de Aprendizagem com uso de Canvas - Trahentem®.

Quero também convidar você a pensar sobre atividades não como uma coisa complexa, mas como algo que você escolhe para facilitar um aprendizado específico. Lembre-se: a atividade deve favorecer o alcance do objetivo instrucional estabelecido.

TÉCNICA	DESCRIÇÃO	MELHOR USO			DICAS
		C	H	A	
Role Modeling	Modelagem de comportamento ou o exemplo a ser seguido pelos demais. Pode ser feita pelo facilitador, por um especialista ou um voluntário.	x			Utilize quando for necessário exemplificar o modelo a ser seguido.
Estudo de Caso ou Cenário	Análise e solução de problemas, situação ou caso real, feita individualmente ou em um pequenos grupos.	x	x	x	Ideal para apresentar assuntos, exercitar e verificar o aprendizado.
Demonstração	Execução de procedimento ou processo para que os participantes reproduzam em seguida.	x			Faça demosntrações para iniciar uma atividade que será executada pela primeira vez.
Discussão	Proposição de problema ou assunto para o grupo resolver ou discutir e elaborar conclusões.		x	x	Utilize para apresentar e exercitar conteúdos.
Visita a campo	Observação de situações reais por meio de visita ou estudo de campo.	x			Ajuda a visualizar a aplicabilidade do conteúdo na prática.
Filmes	Apresentação de trechos de filmes ou vídeos didáticos seguida de debriefing.	x			Pode ser utilizado em qualquer fase ROPES, mudando apenas a forma de debriefing.
Dinâmicas de grupo	Proposição de atividade planejada para explorar conceitos, sentimentos e reações seguida de CAV (Ciclo de Aprendizagem Vivencial).	x	x	x	Utilize para explorar habilidades de planejamento, comunicação, relacionamento e soft skills.
Investigação dirigida	Busca de informações em materiais de pesquisa individualmente ou em grupo.	x			Pode ser feita em materiais impressos ou digitais, com orientação do facilitador.

TÉCNICA	DESCRIÇÃO	MELHOR USO			DICAS
		C	H	A	
Explanação dialogada	Exposição de conteúdo com uso de perguntas planejadas para encorajar a descoberta de aprendizagem e interação.	X		X	Utilize para introduzir os assuntos. Evite utilizar apenas este método para apresentar conteúdos.
Entrevistas	Elaboração de perguntas seguida de entrevista a um indivíduo, em nome da audiência para a obtenção de informações.	X	X		Ideal para ocasiões onde se possa trazer um especialista para compartilhar experiências com o grupo.
Sala de Aula Invertida	O aluno estuda os conteúdos básicos antes da aula com vídeos, textos, áudio, games e outros recursos. Em sala, o professor aprofunda o aprendizado com exercícios e outros recursos.	X	X	X	Explore recursos didáticos com uso de tecnologia quando utilizar este método.
Games	Criação de jogos para aprendizado de determinado conteúdo. Os jogos podem ser eletrônicos ou não.	X	X	X	Podem ser utilizados em todas as fases ROPES.
Atividades Gamificadas	Utilização de elementos de games para estimular o engajamento, a solução de problemas e a aprendizagem.	X	X	X	Observe o perfil do grupo para escolher os elementos. Lembre-se de explorar também a cooperação.
Teach-Back	Divididos em grupos, os participantes estudam um assunto e preparam uma miniaula sobre ele. Em seguida, os grupos são redistribuídos para que tenham um integrante de cada grupo anterior. Neste novo formato, cada um ensina os demais sobre o conteúdo que estudou.	X	X	X	Ideal para ocasiões em que um grande volume de conteúdo tem que ser estudado em curto espaço de tempo.
Prática progressiva	Reprodução da performance de uma habilidade sob supervisão seguida de ausência de supervisão.	X	X	X	Opte por esta modalidade para conteúdos técnicos complexos.

A estrutura de sua experiência de aprendizagem - 119

TÉCNICA	DESCRIÇÃO	MELHOR USO			DICAS
		C	H	A	
Palestra	Exposição de conteúdo de maneira informativa, com atuação exclusiva do palestrante. Ao final, o palestrante abre ou não espaço para perguntas.	x			Indicado para sessões informativas.
Role Play	Atividade na qual os participantes interpretam papéis que refletem a vida real. Um observador toma notas e oferece *feedback*.	x	x	x	Muito utilizado para simular situações de atendimento e vendas.
Simulações	Emulação do ambiente real no qual determinado conhecimento se aplica com o objetivo de promover a performance como deve ser no ambiente real em ambiente seguro.	x	x	x	Recomendado para situações nas quais erros podem ter consequências graves.
Storytelling	Criação de histórias para transmissão de conteúdo. Esta criação pode ser feita pelo facilitador ou pelos participantes.	X		X	Quando facilitador, utilize para introduzir o conteúdo (Review ou Overview) a ser trabalhado. É uma atividade excelente para o Exercise e também para o Sumary quando o participante constrói a história.
Dramatização	Criação de dramatização para se trabalhar um determinado conteúdo. A finalidade da dramatização deve definir o formato da mesma que deve estar atrelada aos objetivos de aprendizagem.	x	x	x	Utilize quando tiver situações concretas que precisam ser memorizadas ou que envolvam padrões de atuação.
Inventário de priorização de aprendizagem	São inventários que abordam competências e comportamentos relacionados ao conteúdo da intervenção com escalas para autoavaliação pelos participantes. Eles tem o objetivo de ajudar o aprendiz a focar nos aspectos mais relevantes para o seu desenvolvimento.	x			Sempre que possível promova esta reflexão antes de uma intervenção e sugira um comparativo pós intervenção.

TÉCNICA	DESCRIÇÃO	MELHOR USO			DICAS
		C	H	A	
Construção compartilhada	Em grupos, os participantes constroem definições de conceitos, percepção do grupo sobre determinado assunto ou respostas a desafios propostos pelo facilitador. Ao final da construção, os grupos compartilham e o facilitador processa o aprendizado, corrigindo quando necessário.	x	x	x	Substitui a explanação dialogada para apresentação de conteúdos. Promove a conexão com conhecimentos já existentes e facilita a codificação.
Starters para conversação	São jogos ou cartas com perguntas específicas que ajudam o facilitador a iniciar a discussão sobre um determinado assunto. Podem ser simples investigadores ou ferramentas para a condução de conversas delicadas	x	x		Utilize como Review para investigar o que grupo sabe, o que quer aprender sobre determinado assunto ou situações reais que já vivenciaram envolvendo o tema.
Action Learing	Grupos pequenos trabalham com problemas reais, tomam decisões e executam ações enquanto aprendem a partir desta experiência.	x	x	x	Promove a aprendizagem a partir da própria experiência e também da experiência coletiva.

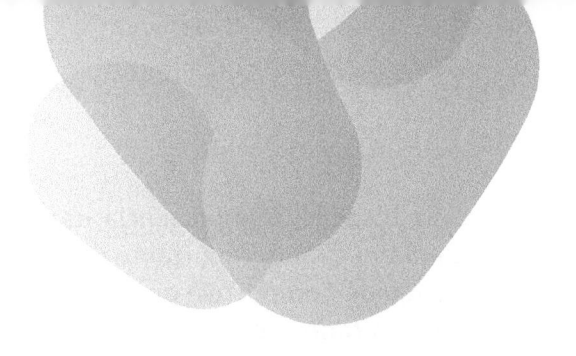

Linha de chegada

Maio de 2017, estou fora da minha cidade, faz frio e o corpo dolorido manifesta a falta de atividade física que sempre fez parte da minha rotina com maior ou menor frequência. A rotina é intensa e o trabalho invariavelmente invade os finais de semana. O barulho parece estar em todos os lugares e o meu nome parece ser a palavra mais pronunciada ao meu redor.

Sentindo uma necessidade incontrolável de estar comigo mesma eu abro minha agenda, tomo uma decisão e transfiro todos os meus compromissos já agendados para agosto. Ainda um pouco assustada ligo para o Sergio, que além de meu marido é também o meu sócio, e faço a comunicação: "Querido, eu transferi todos os meus compromissos de agosto e decidi fazer o caminho de Santiago de Compostela". Afinal, este era um plano antigo adiado tantas vezes por razões diversificadas.

Do outro lado da linha o silêncio que dura menos de um minuto parece demorar uma eternidade. É quando eu ouço novamente a voz do Sergio me contando: "Vou comprar as passagens de presente para você".

Esta pequena história ilustra alguns pontos que quero estabelecer com você neste momento. O primeiro deles diz respeito ao fato de não fazermos absolutamente nada sozinhos. Mesmo quando você decide caminhar só, alguém está cuidando de tudo para que isso possa acontecer e você nunca estará só, pois encontrará pessoas que passarão a fazer parte da sua história, da sua vida. Assim foi com mais este livro, ele só existe por eu ter a sorte de ter ao meu lado pessoas maravilhosas que me possibilitaram viver o meu sonho e realizar o meu propósito a cada dia.

O segundo ponto diz respeito à importância da caminhada. Eu sempre soube que o caminho é mais importante que a chegada, mas foi no caminho de Santiago de Compostela que aprendi o impacto **da maneira como caminhamos todos os dias.** Estou me sentindo neste exato momento como me senti ao chegar em Santiago. O caminhar foi maravilhoso e a jornada se inicia aqui.

O caminho é a metáfora mais linda sobre a vida e sobre o viver. No segundo dia, eu que buscava o silêncio, já sorria sozinha ao pensar o quanto sou feliz por realizar o meu propósito todos os dias, por meio do meu trabalho. Já me faziam falta as vozes do cotidiano, as vozes novas que conheço a cada dia e que passam a fazer parte da minha vida e da minha história. O meu sentimento é de gratidão por ter a oportunidade de viver fazendo aquilo que mais amo, de impactar positivamente a vida de outras pessoas para que elas descubram o seu potencial e sejam ainda melhores.

Nunca terminamos de escrever um livro, apenas paramos para então recomeçar. É preciso coragem para abrir mão de estar no controle, e às vezes sentimos medo. Mas como sou do tipo que quando tem medo vai com medo mesmo, desejo que este livro seja significativo para o seu caminhar e que nossos caminhos possam se encontrar em algum momento. Como dizem os peregrinos: *Buen Camino!*

VAMOS PERMANECER EM CONTATO?

Flora Alves

flora@learningsg.com

www.learningsg.com

www.canvastrahentem.com

Sugestão de Leitura:

Gamification
Como Criar Experiências
de Aprendizagem
Engajadoras

Design de Aprendizagem
com Uso de Canvas -
Trahentem

www.dvseditora.com.br